フレーゲ哲学論集

フレーゲ哲学論集

G. フレーゲ著
藤村龍雄訳

岩波書店

たとえすべてが金でないにしても、やはりこの中に金はある。

フレーゲ

訳者まえがき

本書は、ドイツの数学者ゴットロープ・フレーゲ Gottlob Frege (1848–1925)――詳しくは巻末の解説「フレーゲの生涯と業績」を参照されたい――の著作の中から、すぐれて現代的意義をもち、しかもテクニカルな知識を必要としない哲学的論稿七篇を選んで訳出したものである。七篇のうち最初の一篇は口頭発表で、残りはすべて論文として刊行されたものである。それらの原題および掲載雑誌等は次の通りである。ただし綴りは現代の慣用に改めてある。

一　関数と概念　*Funktion und Begriff.*　一八九一年一月九日、医学と自然科学のためのイェナ協会(Jenaische Gesellschaft für Medizin und Naturwissenschaft)の席上で行った講演。後に序文を付してヘルマン・ポーレ社から出版されたが、本書ではこの序文は省略した。

二　意義と意味について　*Über Sinn und Bedeutung.* Zeitschrift für Philosophie und philosophische Kritik, C (1892), S. 25–50.

三　概念と対象について　*Über Begriff und Gegenstand.* Vierteljahrsschrift für wissenschaftliche Philosophie, XVI (1892), S. 192–205.

四　関数とは何か　*Was ist eine Funktion?* Festschrift Ludwig Boltzman gewidmet zum sechzigsten Geburtstage, 20. Februar 1904. Ambrosius Barth, Leibzig (1904), S. 656–666.

五　思想　*Der Gedanke. Eine logische Untersuchung.* Beiträge zur Philosophie des deutschen Idealismus, Band I (1918-

1919), S. 58-77.

六　否定　*Die Verneinung. Eine logische Untersuchung*. Beiträge zur Philosophie des deutschen Idealismus, Band I (1918-1919), S. 143-157.

七　複合思想　*Logische Untersuchungen. Dritter Teil: Gedankengefüge*. Beiträge zur Philosophie des deutschen Idealismus, Band III (1923-1926), S. 36-51.

これらの論文はすべて左記の論文集に収録されているので、これを一応、本書の底本とする。

Kleine Schriften. Herausgegeben von Ignacio Angelelli. Georg Olms, Hildesheim, 1967.

またテキストの照合には、次の二論文集を用いた。このうち前者は論文一—四を、後者は五—七を収めている。

Funktion, Begriff, Bedeutung. Fünf logische Studien. Herausgegeben und eingeleitet von Günther Patzig. Vandenhoeck & Ruprecht, Göttingen, 1962. 4., ergänzte Auflage 1975.

Logische Untersuchungen. Herausgegeben und eingeleitet von Günther Patzig. Vandenhoeck & Ruprecht, Göttingen, 1966. 2., ergänzte Auflage 1976.

さらに訳出にあたり、次の英訳と仏訳を参照した。

Translations from the Philosophical Writings of Gottlob Frege. Edited by Peter Geach and Max Black. Basil Blackwell, Oxford, 1952. Second edition 1960. Third edition 1980.

Logical Investigations. Edited with a Preface by. P. T. Geach. Translated by P. T. Geach and R. H. Stoothoff. Basil Blackwell, Oxford, 1977.

Collected Papers on Mathematics, Logic, and Philosophy. Edited by Brian McGuinness. Translated by Max Black, V. H. Dudman, Peter Geach, Hans Kaal, E.-H. W. Kluge, Brian McGuinness, R. H. Stoothoff. Basil Blackwell, Oxford, 1984.

Écrits logiques et philosophiques. Traduction et introduction de Claude Imbert. Éditions de Seuil, Paris, 1971.

尚これらの文献を引用する場合には、巻末の「フレーゲ著作目録」で用いた省略記号による。

凡例

一　原注は(1)、(2)などで示し、各章末に掲出する。
二　訳注は(一)、(二)などで示し、巻末に一括して掲出する。
三　原文の斜字体(外来語を含む)には傍点を付す。
四　原文の引用符にはすべて一重のカギ括弧「　」をあてる。すなわち、引用中の引用符にも小ぶりの一重のカギ括弧「　」をあて、二重のカギ括弧『　』は論文名や書名に限定して用いる。
五　引用符〝　〟は、強調のために、訳者が補ったものである。
六　原文のダッシュは可能な限り採用したが、他方、訳文の都合上――いちいち断わっていないが――訳者が挿入したものもすくなくない。
七　コロン、セミコロンには原則として共に句点をあてたが、文脈に応じて日本語を補った場合もすくなくない。
八　索引は、原著にはないものであるが、読者の便宜を考慮して訳者が作成した。

目　次

訳者まえがき
凡　例
第一部　意味論研究……一
一　関数と概念……三
二　意義と意味について……三三
三　概念と対象について……六五
四　関数とは何か……八五
第二部　論理学研究……九七
五　思　想……九九
六　否　定……一三三

七　複合思想……一五九
訳　注……一八九
フレーゲの生涯と業績……一九七
訳者あとがき……二一五
フレーゲ著作目録
索　引

第一部　意味論研究

一　関数と概念[一]

だいぶ以前のことになりますが[1]、私は、当協会において、かねて私が〝概念記法[二]〟と名付けておいた私の表記法の全体に関してご報告するという光栄に浴しました。そこで今日は、別の角度からこれに照明を当て、またそれ以後私にとり必要となった若干の補足と新しい構想をご報告したいと存じます。その際重要なのは、私の概念記法を全体に亘って詳しく叙述することではなく、ただ二、三の根本思想を明らかにすることであります。

さて、私の出発点は、数学において関数と呼ばれるものです。この語は、のちになって獲得したような広い意味を、初めからもっていたわけではありません。それゆえ、われわれは、この語の最初の使用法から考察を始め、しかるのち初めて、拡張されたその後の使用法に注目するのがよいでしょう。私は差し当たり、ただ一つのアーギュメントをもつ関数[三]についてだけお話ししようと思います。ある科学的な表現が明白な意味をもって登場する最初の場面は、法則性をいい表わすために、その表現が必要となる場面であります。このような事例が関数について生じたのは、高等解析学が発見されたときです。ここでまず問題になったのは、関数一般に妥当する法則を打ち立てることであります。それゆえ、数学において、「関数」という語の下ではじめは何が理解されていたかを知ろうと思うならば、われわれは高等解析学が発見された時代へ遡らねばなりません。この問いに対する答としてわれわれが受け取るものは、おそらく、「xを含む計算式、つまりxを含む式がxの関数である、と理解されていた」というものでしょう。これに従うと、たとえば、式

$$2x^3+x$$

は、xの関数であろうし、また式

$$2\cdot 2^3+2$$

は、2の関数ということになるでしょう。しかし、この答はわれわれを満足させるものではありません。なぜなら、この答では、形式と内容の区別や、記号と記号によって指示されるものとの区別がなされていないからです。そしていうまでもなく、これは今日、数学書において、著名な数学者のそれにおいてすら、きわめてしばしば見られる誤りであります。私は既に以前、(2)算術(四)において一般に通用している形式理論(五)の欠点を指摘しました。形式理論において話題になるのは内容をもたない記号であり、またこの記号は、内容をもたないことになっているのでありますが、それにもかかわらず、人々は後に、このような記号に性質を付与するのであります。しかし〝性質〟は記号の内容にのみ帰属し得るものである、と考えるのが合理的です。かくして、ここでもまた次のことが言えます。単なる表現や内容に対する形式は事柄の本質ではあり得ず、ただ内容そのものだけが本質たり得るのである、と。では、「$2\cdot 2^3+2$」の内容とは何でしょうか。これは何を意味しているのでしょうか。それは、「18」あるいは「3・6」と同じものであります。等式$2\cdot 2^3+2=18$において表現されているのは、右辺の記号結合の意味が左辺の記号結合のそれと同じである、ということです。私はここで、たとえば、2+5と3+4は確かに等しいが、しかし同じものではない、という見解に反対しなければなりません。この意見の根底に横たわっているのが、またもや、あの、形式と内容との混同、記号と記号によって指示されるものとの混同であります。それはあたかも、名前の音が異なるという理由で、〝芳香を放つすみれ〟をヴィオラ・オドラータとは別物と見なそうとするようなものです。(六)表記法の相違は、それだけでは、記号によって指示されるものの相違を根拠づけるのには十分ではありません。われわれの場合、事態がやや明瞭を欠くのは、数字7の意味が感覚的に知覚可能なものではないという点だけであります。そして、感官で知覚できないものはどれも対象として認めない、という傾向が今日はなはだしく広まった結果、数字そのものを数、つまり、考察の本来の対象、と見なすことになるのであります。(3) それから、もちろん、7と5＋2が異なるものであることは、確かです。しかし、右のような見解は維持できません。なぜなら、数字の意味に立ち返ることなしには、数のいかなる算術的性質についても、全く何ごとも語ることはできないからです。さもないと、たとえば、自分自身に掛けると再び自分自身になる、という1の性質は、全くの作り事になってしまいます。なぜなら、顕微鏡検査や化学的な検査をどれほど行なってみても、われわれが〝数字1〟と呼ぶところの単なる記号のうちに、このような性質を発見することは決してできないからであります。ことによると、人は定義を話題にするかもしれません。しかし、いかなる定義も、あるものがかつてもったことのない性質を、定義はそのものに付与することはできない、というい みで創造的ではないのです。ただし定義が、記号として導入するこのものを指示し、表記するという性質は別です。(4) これに反して、われわれが〝数字〟と呼ぶ記号は、物理的・化学的性質をもっていますが、これらは筆記用具によるものであります。たとえば、算用数字がローマ数字に取って代ったように、いつの日にか全く新しい数字が導入されるといった事態は想像できます。しかし、そのことによって、全く新しい数が、つまり、これまでまだ探究されていない性質をもった、算術の、全く新しい対象が得られた、とは誰も本気では思わないでしょう。それゆえ、数字と数字の意味とを区別しなければならないとするならば、われわれは、また、「2」，「1＋1」，「3－1」，「6：3」という表現に同じ意味を与えねばなりません。なぜなら、どこに相違があるのか、全く見きわめることができないからです。ひょっとすると、人はこういうかもしれません。1＋1は和であるが、6：3は商である、と。しかし、6：3とは何でしょうか。それは、3を掛けると6になる数 die Zahl です。われわれは、「そのヽ数ヽ *die* Zahl」といって、「一つの数 eine Zahl」とはいいません。

われわれは、定冠詞を使うことによって、唯一つの数しか存在しないことを示唆します。ところで、

$$(1+1)+(1+1)+(1+1)=6$$

であり、それゆえ、(1+1)は、まさしく(6:3)として指示される数にほかなりません。表現の相違は理解や局面の相違によるものでありますが、しかしそれにもかかわらず、さまざまな表現は常に同じ事態に対応します。さもなければ、等式 $x^2=4$ は、二つの根2および-2のみならず、(1+1)やその他無数の根をもつことになります。そして、これらはある点では互いに似ているとしても、相互にみな異なったものでしょう。唯二つの実根だけを認めることによって、われわれは、等号は完全な一致を意味するのではなく部分的な一致を意味するにすぎない、という見解をしりぞけるのであります。このことをしっかり押えておくなら、式

「$2\cdot1^3+1$」

「$2\cdot2^3+2$」

「$2\cdot4^3+4$」

が、数を意味すること、すなわち、3、18、132を意味することがわかります。それゆえ、もしも関数が実際には計算式の意味にすぎないならば、関数は一つの数にほかなりません。したがって、関数に言及してみても、算術にとっては新しいことは何も得られないことになります。いうまでもないことですが、今では、人々は「関数」という語で、たとえば、

「$2\cdot x^3+x$」

というような、文字xによって数がただ不特定の仕方で示唆されているにすぎない式のことを考えるのを常としております。しかし、このことによっても何も変りません。なぜなら、この式もまた数を不特定の仕方で示唆する(七)にすぎ

ないからです。そして、私がこの式をここに書きつけようが、あるいは単に「x」と書こうが、何ら本質的な相違はありません。

それでもなお、われわれが正しい理解に導かれるのは、まさしく、不特定の仕方で数を示唆する「x」を用いる表記法によるのであります。われわれは、xを関数のアーギュメントと呼びます。そして、

「$2 \cdot 1^3 + 1$」

「$2 \cdot 4^3 + 4$」

「$2 \cdot 5^3 + 5$」

において、われわれは、またもや、同じ関数を認識します。ただ、アーギュメントは異なります。すなわち、1、4および5です。このことから、関数の本性がそれらの式に共通しているもののうちに存することが見てとれます。すなわち、

「$2 \cdot x^3 + x$」

において、「x」のほかになお存在しているもののうちに、たとえば、

「$2 \cdot (\ )^3 + (\ )$」

と書くことができるようなもののうちに、関数の本性が存することを見てとれるのであります。

私にとって重要なのは、アーギュメントは関数の一部ではなく、関数と共同して一つの完全な全体を形成するものである、ということを示すことであります。なぜなら、関数は、それだけでは不完全で、補完を要する、あるいは不飽和である、というべきものだからです。そして、このことにより関数は数とは根本的に区別されるのです。また、関数のこのような本質から、次のことが明らかになります。一方では、「$2 \cdot 1^3 + 1$」と「$2 \cdot 2^3 + 2$」が相異なる数を意

味するにもかかわらず、われわれはこれらの式のうちに同じ関数を認識するのでありますが、他方では、数値が等しいにもかかわらず、われわれは、「$2\cdot1^3+1$」や「$4-1$」において再び同じ関数を見出すことはありません。今では、また、人々が関数の本質を、いかに容易にまさしく式の形式のうちに見出しがちであるかもわかります。われわれが式のうちに関数を認識するのは、式を分解されているものと考えるからです。そして、このような分解の可能性は式の構造によって容易に推測されます。

計算式がこのように分解される二つの部分、すなわちアーギュメントの記号と関数の表現は異質なものであります。なぜなら、アーギュメントはむろん数であり、それ自身で完結した一つの全体ですが、関数はそうではないからです。われわれはこのことを、点による直線の分割にたとえることができます。分割の場合にはわれわれはとかく分割点を二本の線分のうちに数えがちです。しかし、分割を正確に行なおうとするならば、つまり、いかなるものも二度数えることなく、またいかなるものも抜け落ちることのないように分割を行なおうとするならば、分割点は一方の線分にのみ数えねばなりません。そうすることにより、この線分は全くそれ自身で完結するようになり、したがってアーギュメントにたとえることができるのです。他方、もう一方の線分には欠けるところがあります。すなわち、分割点です。そして、この線分の端点とも名付けることができる分割点は、その線分には属しません。その線分をこのような端点によって、あるいは二つの端点をもつ一つの直線によって補完することにより、初めて、その線分から完全なものが得られるのであります。ですから、たとえば私が「関数 $2\cdot x^3+x$」というとき、〝x〟を関数に属するものと考えてはなりません。この文字は、アーギュメントを表わす記号が入ってこなければならない場所をわれわれに認識させることによって、必要な補完の種類を示唆するのに役立っているにすぎないのであります。

さて、関数がそのアーギュメントによって補完されたとき、その結果を、われわれは、このアーギュメントに対する関数の値と呼びます。こうして、たとえば3は、アーギュメント1に対する関数$2\cdot x^2+x$の値であります。なぜなら、$2\cdot 1^2+1=3$だからです。

たとえば、$2+x-x$や$2+0\cdot x$のように、そのアーギュメントが何であれ、常に同じ値をとる関数が存在します。すなわち、$2=2+x-x$および$2=2+0\cdot x$であります。ところで、もしアーギュメントを関数に数えるならば、数2をこの関数とみなすことになります。しかし、これは間違っています。たとえ関数の値がここで常に2であるとしても、関数そのものはやはり2とは区別されねばなりません。なぜなら、関数を表わす表現はアーギュメントの記号で満たすように定められている、一つ、または幾つかの場所を常にもっていなければならないからです。

ところで、相異なるアーギュメントに対する関数の値を図で示す手段を、解析幾何学の方法がわれわれに提供してくれます。すなわち、アーギュメントを点の横座標の数値とみなし、また、それに付属する関数の値を縦座標の数値とみなすことによって、点の集合が得られますが、これは、通常の場合、われわれの直観には曲線として現われます。曲線の各点には、アーギュメントとそれに付属する関数の値が対応します。

こうして、たとえば、

$$y = x^2 - 4x$$

は放物線になります。ここで「x」がアーギュメントと横座標の数値を示唆しているのと同じように、「y」は関数の値と縦座標の数値を示唆しているのであります。これを、関数

$$x(x-4)$$

と比較してみると、同じアーギュメントに対し、一般に、この関数は前の関数と同じ値をもつことがわかります。xがどんな値をとろうとも、一般に、

$$x^2-4x = x(x-4)$$

であります。したがって、

$$y = x^2-4x$$

から得られる曲線は、

$$y = x(x-4)$$

から生じる曲線と同じです。私はこれを次のようにいい表わします。関数 $x(x-4)$ は関数 x^2-4x と同じ走値をもつ。

われわれが、

$$x^2-4x = x(x-4)$$

と書くとき、われわれは一つの関数をもう一つの関数と同一視しているのではなく、単に二つの関数の値を互いに同一視しているにすぎないのであります。そして、もしこの等式を、x にどのようなアーギュメントを代入しようともそれは妥当するはずである、というように理解するならば、われわれは、これにより、等式が一般に成り立つことを表現したことになります。しかし、われわれはそのかわりに、「関数 $x(x-4)$ の走値は関数 x^2-4x のそれに等しい」ということもできるし、そしてこれにより、走値の間の相等性が与えられるのであります。ところで、関数の値の間に相等性が一般に成り立つことを、一つの特殊な相等性として解釈できるということ、すなわち、走値の間の相等性として解釈できるということは、私が思うには、証明可能なことではなく、論理学の根本法則と見なさねばならないことであります。(5)

さて、関数の走値に対しても簡単な表記法を導入することができます。この目的のために、私は関数表現の中のアーギュメントの記号をギリシア語の母音字で置き換え、その全体をカッコでくくり、そして、この前に無気息記号

をもつ同じギリシア文字を書きます。これによると、たとえば、

$$\acute{\varepsilon}(\varepsilon^2-4\varepsilon)$$

は関数 x^2-4x の走値であり、

$$\acute{\alpha}(\alpha\cdot(\alpha-4))$$

は関数 $x(x-4)$ の走値です。したがって、われわれは、

「$\acute{\varepsilon}(\varepsilon^2-4\varepsilon)=\acute{\alpha}(\alpha\cdot(\alpha-4))$」

によって、第一の走値が第二の走値と同じであることを表現しているのであります。強いて同じ文字を用いる必要がないことを示唆するために、ギリシア文字は意図的に異なったものを選んであります。

「$x^2-4x=x(x-4)$」

は、もし前述の如くに理解するならば、たしかに同じ意義を表現しますが、しかしそれは、同じ意義を別な仕方で表現しているのであります。これが表わす意義は、等式が一般に成り立つということですが、一方あらたに導入された表現は端的に等式であり、その右辺も左辺も等しくそれ自身で完結した意味をもちます。

「$x^2-4x=x(x-4)$」

においては、左辺は、単独で考察するならば、ある数を不特定の仕方で示唆しているにすぎませんし、右辺の場合も同様です。単に「x^2-4x」が与えられているだけでしたら、これの代りに、意義を変えることなく「y^2-4y」と書くこともできます。なぜなら、「y」は、「x」と同じように、一つの数を不特定の仕方で示唆するにすぎないからです。しかし、両辺を結合して一つの等式にするときは、双方に同じ文字を選ばなければなりません。そして、こうすることにより、われわれは、左辺のみにも右辺のみにも含まれていない、さらには等号のみにも含まれていない何か

を、すなわち、ほかならぬ一般性を表現するのであります。もちろん、これは等式の一般性ですが、それにもかかわらず、われわれが表現するのは、まず第一に、一般性であります。

一般性を表現するため、数を文字によって不特定の仕方で示唆するように、われわれはまた、関数を文字によって不特定の仕方で示唆する必要があります。この目的のために、われわれは普通は文字fとFを、「$f(x)$」や「$F(x)$」というように用います。ただしxはアーギュメントの代りであります。関数は補完を要するものであるという特性は、ここでは、文字fあるいはFがカッコをもっているという事実によって示されます。そしてカッコ内の空白は、アーギュメントの記号を受け入れるように定められています。これに従うと、

「$\acute{\varepsilon}f(\varepsilon)$」

は、特定化されていない関数の走値を示唆します。

ところで、関数という語の意味は科学の進歩によりどれほど拡張されたのでしょうか。われわれは、拡張について、二つの方向を区別できます。

すなわち、第一には、関数を構成するのに役立つような計算法の範囲が拡張されました。加法・乗法・累乗およびそれらの逆算のほかに、極限へ移行するためのさまざまな方法がつけ加わりました。もちろん、人々は、それと同時に本質的に新しいものを受け入れていることについて、必ずしも明確な意識をもっていたわけではありません。人々はさらに進み、その上、日常言語に頼らざるを得なくなりました。なぜなら、たとえば、アーギュメントが有理数のときの値が1であり、無理数のときは0であるような関数について語るとき、解析学の記号言語は役に立たなかったからです。

第二に、複素数を採用することにより、アーギュメントおよび関数の値となり得るものの範囲が拡張されました。

これとともに、「和」、「積」等々の表現の意義が、同時に、いっそう広く定義されなければなりませんでした。

さて、私はさらに二つの方向へ進みます。まず第一に、関数表現を構成するのに役立つ＋、－等々の記号に、さらに＝、＞、＜のような記号を加えます。その結果、xが前と同じようにアーギュメントの代りをするとき、私は、たとえば、〝関数$x^2=1$〟について語ることができます。この場合に生じる第一の問いは、さまざまなアーギュメントに対するこの関数の値は何か、という問いです。さて、xに-1、0、1、2を順番に代入すると、

$(-1)^2=1$

$0^2=1$

$1^2=1$

$2^2=1$

が得られます。

これらの等式のうち、一番目と三番目が真で、残りは偽です。私は今では、「われわれの関数の値は真理値である」といい、そして、真という真理値を、偽という真理値から区別します。私は簡単に一方を真と呼び、他方を偽と呼びます。これによると、たとえば「2^2」が4を意味するのと同じように、たとえば「$2^2=4$」は真を意味します。また、「$2^2=1$」は偽を意味します。それゆえ、

「$2^2=4$」，「$2>1$」，「$2^4=4^2$」

は同じことを、すなわち真を意味します。その結果、

$(2^2=4)=(2>1)$

は正しい等式であります。

ここで心に浮かぶのは、「$2^2=4$」と「$2>1$」はやはり全く異なったことを述べ、全く異なった思想[八]を表現する、という異論です。「$2^4=4^2$」と「$4\cdot4=4^2$」も異なった思想を表現します。それにもかかわらず、われわれは「2^4」を「$4\cdot4$」で置き換えることができます。なぜなら、二つの記号は同じ意味を有するのですから。したがって、「$2^4=4^2$」と「$4\cdot4=4^2$」は同じ意味をもちます。このことから、意味の相等性は思想の相等性を伴わないことがわかります。われわれが、「宵の明星は地球より短い自転周期をもつ惑星である」というとき、われわれが表現する思想は、「明けの明星は地球より短い自転周期をもつ惑星である」という文において表現されている思想とは異なります。なぜなら、明けの明星が宵の明星であることを知らない者は、一方を真、他方を偽と見なすかもしれないからです。だがそれにもかかわらず、二つの文の意味は同じでなければなりません。なぜなら、同じ意味をもつ、すなわち、同じ天体の固有名である「宵の明星」と「明けの明星」という語が、互いに交換されているにすぎないからです。意義と意味は区別されねばなりません。確かに「2^4」と「$4\cdot4$」は同じ意味をもちます。すなわち、それらは同じ数の固有名です。しかし、それらは同じ意義をもちません。それゆえ、「$2^4=4^2$」と「$4\cdot4=4^2$」は確かに同じ意味をもちますが、しかし同じ意義はもちません。すなわち、この場合には、それらは同じ思想を含んではいません。[6]

このようにして、われわれが、

「$2^4 = 4\cdot4$」

と書くのと同様に、当然のことながら、

「$(2^4 = 4^2) = (4\cdot4 = 4^2)$」

および、

「$(2^2 = 4) = (2>1)$」

と書くこともできるのであります。

さらに、こう問うことができます。関数表現を構成するのに役立つ記号の仲間に、記号＝、＞、＜を、いったい何のために受け入れるのか、と。算術はより発達した論理学であり、算術の法則は、より厳密な基礎づけを行なうならば純粋に論理的な法則に還元され、またそのような法則にのみ還元されるという見解は、いまでは、ますます支持者を獲得しているように思われます。私もまたこの考えでありますし、算術の記号言語は論理的な記号言語へ拡大されねばならないという私の要求は、ここに基礎を置いています。われわれの場合これがどのようにして行なわれるか、これからその輪郭だけを描いてみることにします。

われわれは、関数 $x^2=1$ の値が常に二つの真理値のうちの一つであることを見ました。さて、一つの特定のアーギュメント、たとえば -1 に対するこの関数の値が真であるとき、われわれはこれを次のように表現することができます。「数 -1 は、その平方が1であるという性質をもつ」、あるいは、もっと簡潔に、「-1 は1の平方根である」、あるいは「-1 は、1の平方根という概念に属する」。あるアーギュメント、たとえば2に対する関数 $x^2=1$ の値が偽であるとき、われわれはこれを次のように表現することができます。「2は1の平方根ではない」、あるいは「2は、1の平方根という概念には属さない」。このことから、論理学において概念と呼ばれるものが、われわれが関数と名付けるものとどれほど密接に関連しているかがわかります。実際、われわれは率直にこういうことができるでしょう。概念とは、その値が常に真理値であるような関数である。また、関数

$$(x+1)^2 = 2(x+1)$$

の値も常に真理値です。たとえばアーギュメント -1 に対する値は真であるが、これは次のように述べることもできます。-1 は、平方がその二倍に等しい数よりも1だけ小さい数である。これにより、数 -1 がある概念に属することが表

現されているのであります。ところで、関数

$$x^2 = 1 \quad \text{および} \quad (x+1)^2 = 2(x+1)$$

は、同じアーギュメントに対し常に同じ値をとります。すなわち、−1と＋1に対しては真、他のすべてのアーギュメントに対しては偽となります。それゆえ、以前に確認したところに従って、われわれは、これらの関数は同じ走値をもつといい、そして、このことを記号で次のように表現します。

$$\acute{\varepsilon}(\varepsilon^2 = 1) = \acute{\alpha}((\alpha+1)^2 = 2(\alpha+1))$$

論理学においては、これは概念の外延の相等性と呼ばれます。したがって、あらゆるアーギュメントに対しその値が真理値であるような関数の走値を、われわれは概念の外延とみなすことができるのであります。

われわれは、等式や不等式に立ちどまりません。等式の言語形式は主張文であります。このような文は、その意義として、思想を含んでいます——あるいは、少なくとも、思想を含むと称します——。そして、この思想は一般に真または偽です。すなわち、この思想は一般に一つの真理値をもちます。そして、たとえば数4が式「2＋2」の意味であるのと同じように、あるいはロンドンが「イギリスの首都」という表現の意味であるのと同じように、真理値は文の意味と解釈すべきであります。

一般に主張文は、等式や不等式あるいは解析学の式と同じように、二つの部分に分解して考えることができます。そして、それらの部分のうち、一方はそれ自身で完結しており、他方は補完を要し、不飽和であります。たとえば、文

「シーザーはガリアを征服した」

は、「シーザー」と「……はガリアを征服した」に分解できます。二番目の部分が不飽和で、空所をもっています。

そして、この場所が固有名によって満たされるとき、あるいは固有名の代りをする表現によって満たされるとき、はじめて、完結した意義が現われるのであります。ここでもまた私は、この不飽和な部分の意味を関数と名付けます。この場合、アーギュメントはシーザーです。

ここでは同時に他の方向での拡張が行なわれていること、すなわち、アーギュメントになり得るものに関して拡張が行なわれていることがわかります。もはや数のみならず、対象一般が許容されます。その際、もちろん、人間も対象に数えねばなりません。われわれは関数の可能な値として、既にさきほど二つの真理値を導入しました。われわれはさらに先へ進んで、無制限に対象を関数の値として認めねばなりません。これの例をあげるために、たとえば、

「ドイツ帝国の首都」

という表現から出発しましょう。

これは明らかに固有名の代わりをつとめ、かつ、一つの対象を意味します。さて、この表現を、

「……の首都」

と「ドイツ帝国」という部分に分解しますと、第一の部分は不飽和です。その際、所有格の形式は、第一の部分に数えます。これに反し、もう一方のほうはそれ自身で完結しています。ですから、私は、以前に述べたことに従って、

「xの首都」

を関数表現と呼びます。そのアーギュメントにドイツ帝国をとると、関数の値としてベルリンが得られます。

このように、アーギュメントならびに関数の値として無制限に対象を認めると、今度は、ここで対象と呼ばれているものは何か、ということが問題になります。私は、型通りの定義は不可能であると思います。なぜなら、ここにあるのは、あまりにも単純なために論理的分析の立ち入る余地がないものだからであります。われわれに可能なことは、

それがどういうことであるかを示唆することだけであります。ここでは簡単に、こう言うことができるだけです。対象とは、関数でないいっさいのものであり、それゆえ、対象を表わす表現はひとつも空所をもたない。

主張文はひとつも空所を含みません。ですから、その意味は対象とみなされるべきであります。しかるに、この意味は真理値です。それゆえ、二つの真理値は対象であります。

われわれはさきほど走値の間の等式を提示しました。たとえば、

「$\acute{\varepsilon}(\varepsilon^2-4\varepsilon) = \acute{\alpha}(\alpha(\alpha-4))$」

われわれはこれを「$\acute{\varepsilon}(\varepsilon^2-4\varepsilon)$」と「$(\quad) = \acute{\alpha}(\alpha(\alpha-4))$」に分解できます。

この後者の部分は補完を要します。等号の左にひとつ空所があるからです。前者の部分「$\acute{\varepsilon}(\varepsilon^2-4\varepsilon)$」は全くそれ自身において完結しています。ですから、ひとつの対象を意味します。関数の走値は対象ですが、これに反し、関数そのものは対象ではありません。われわれはまた $\acute{\varepsilon}(\varepsilon^2=1)$ を走値と名付けましたが、しかし、それを、1の平方根という概念の外延と呼ぶこともできたのです。こうして、概念の外延もまた対象であります。もっとも、概念そのものは対象ではありませんが。

アーギュメントになり得るものの範囲をこのように拡張しましたので、われわれは、既に使用されている記号の意味について、より正確な規定を行なわなければなりません。算術において、対象として整数だけを考察する限りでは、「$a+b$」中の文字 a と b は整数のみを示唆します。それゆえ、プラスの記号は整数の間で定義されさえすればよいのであります。「a」および「b」によって示唆される対象の範囲を拡張するたびごとに、われわれは、プラスの記号を新たに定義することを余儀なくされます。表現が意味をもたないことのないように、また、対象とかかわり合っているつもりでいながら、ついうっかり空記号[九]で演算を行なうことがないように前もって手はずを整えることは、学問

的厳密さの命じることがらであると思われます。われわれは、発散する無限級数に関して、かつてひどい経験をしました。ですから、たとえば、「⊙」が太陽を意味するとき、

「⊙＋1」

は何を意味するかが、それから明らかになるような、そのような規定を設けることが必要であります。このように行なわれるかは、それほど重要ではありません。本質的なことは、規定を設けることです。つまり、これがどのように行なわれるかは、それほど重要ではありません。本質的なことは、規定を設けることです。つまり、「a」および「b」に対し、特定の対象を表わすいかなる記号が代入されようとも、「$a＋b$」が常に意味をもつことが本質的なことなのであります。われわれが概念に対して次のことを要求するのも、この点に関してであります。すなわち、概念はあらゆるアーギュメントに対し値として一つの真理値をもつこと、あらゆる対象に対し、それが当の概念に属するか否かが確定していること、という要求がそれです。換言すれば、われわれは概念に対し、それが明確な境界をもつことを要求するのであります。もしもこの要求が満足されないとしたら、概念について論理法則を打ち立てることは不可能でしょう。あらゆるアーギュメント x に対して、もしも「$x＋1$」が意味をもたないならば、そのようなアーギュメント x に対しては、関数 $x＋1＝10$ も値をもたないであろうし、それゆえ、真理値ももたないでしょう。

その結果、

1を加えると10になる

という概念は明確な境界をもたないことになります。かくして、概念は明確な境界をもつべきであるという要求は、関数一般に対し、あらゆるアーギュメントについて関数は値をもたねばならない、という要求を伴っているのであります。

われわれはこれまで真理値を、関数の値としてのみ考察し、アーギュメントとしては考察しませんでした。たった

今述べたところによれば、アーギュメントとして真理値を取るときもまた、関数は値をもたなければなりません。しかし、このための規定は、既に普通に用いられている記号に関しては、たいてい、規定を設けなければならないがゆえに規定を設けるというにとどまり、どのような規定が設けられるかは、あまり考慮されません。だが今では、そのアーギュメントがまさしく真理値であるとき、われわれにとって重要な関数をいくつか考察することができます。

このような関数として、私は、

$—— x$

を導入します。そして、私は次のように定めます。アーギュメントとして真をとるとき、この関数の値は真であり、これに反し他のすべての場合には、この関数の値は偽である。それゆえ、アーギュメントが偽なときも、またアーギュメントが真理値でないときも、等しくこの関数の値は偽であります。したがって、たとえば、

$—— 1+3=4$

は真でありますが、一方、

$—— 1+3=5$

も、

$—— 4$

も共に偽です。こうして、アーギュメントが真理値であるとき、この関数は値としてアーギュメントそのものをとります。私は以前この水平な線（一〇）を内容線と名付けましたが（一一）、この名前は今ではもう適切ではないように思われます。私は今はそれを単に水平線と呼ぼうと思います。

等式や不等式を書きつけるとき、たとえば5＞4と書きつけるとき、人は普通はそのことによって同時に一つの判

断を表明します。すなわち、われわれの場合には、5は4より大きい、と主張したいのであります。しかし私がここで述べている解釈によれば、「5>4」や「1+3=5」は真理値の表現[一二]にすぎず、それらは何かを主張しているわけではありません。判断作用と判断内容をこのように分離することは不可避であると思われます。さもなければ、単なる想定、つまり、そのことが実際に起こっているかどうかについて同時に判断することなく、ある事態を措定する、ということが表現できなくなるからであります。かくして、何かあることを主張できるためには、われわれは特別の記号を必要とします。このために私は、水平線の左端に垂直な線[一三]を用います。したがって、たとえば、

「├──2+3=5」

と書くことによって、われわれは、2+3は5に等しい、と主張するのであります。それゆえ、ここでは、われわれは、

「2+3=5」

の如く、単に真理値を書きつけているだけでなく、同時に、それが真であることをも述べているのであります。[7]

その次に簡単な関数は、――x の値が真であるアーギュメントに対してのみその値は偽であり、逆に、――x の値が偽であるアーギュメントに対して、その値が真となるような関数でありましょう。私はこの関数を、次のように、

─┬─x

と記号化します。その際、私は、小さい垂直の線を否定線と名付けます。私はこの関数を、――x をアーギュメントにもつ関数と解釈します。二本の水平な線が融合するものと考えると、

(─┬─x)=(─┬─(──x))

が成り立ちます。しかしまた、

(——(┬—x)) = (┬—x)

も成り立ちます。なぜなら、┬—x の値は常に真理値だからであります。こうして、私は、「┬—x」における否定線の左と右の二つの線分を、さきほど定義したこの語の特別のいみでの水平線と解釈します。それゆえ、たとえば、

「┬—$2^2 = 5$」

は真を意味します。ですから、われわれは判断線をつけ加えることができます。すなわち、

├┬—$2^2 = 5$

というように。そして、これによって、われわれは、$2^2 = 5$ は真でない、あるいは、2^2は5でない、と主張するのであります。だがまた、

┬—2

も真です。——2 は偽だからです。つまり、

├┬—2

すなわち、2は真ではありません。

一般性を私がどのように表わすかは、実例によって見てみるのが最善でしょう。いま、あらゆる対象は自分自身に等しい、ということを表現しなければならないものとします。

$x = x$

は一つの関数で、そのアーギュメントは「x」によって示唆されています。さて、アーギュメントに何をとろうとも、この関数の値が常に真であることをいい表わさねばならないものとします。ところで、私は、

「—$\smile^{\mathfrak{a}}$—$f(\mathfrak{a})$」

を、そのアーギュメントが何であれ関数 $f(x)$ が値として常に真をとるとき、真と解釈します。そして、他のすべての場合には、

「$—\overset{\mathfrak{a}}{\smile}— f(\mathfrak{a})$」

は、偽を意味するものとします。さて、われわれの関数 $x=x$ については、最初の場合が成り立ちます。かくして、

$$—\overset{\mathfrak{a}}{\smile}— \mathfrak{a}=\mathfrak{a}$$

は真です。そして、われわれはこれを次のように、

$$\vdash\overset{\mathfrak{a}}{\smile}— \mathfrak{a}=\mathfrak{a}$$

と書きます。

窪みの右と左の水平な線は、われわれのいみでの水平線と解釈されるべきであります。$\mathfrak{f}$、$\mathfrak{F}$のように、関数文字として使用することになっている文字を除いて、われわれは「$\mathfrak{a}$」の代りに、他のいかなるドイツ語文字をも選ぶことができます。

この表記法は、

$$—\top\overset{\mathfrak{a}}{\smile}— \mathfrak{a}^2=1$$

の如く、一般性を否定する可能性を与えてくれます。すなわち、あらゆるアーギュメントに対し、関数 $x^2=1$ の値が真であるとは限らないので、$—\overset{\mathfrak{a}}{\smile}— \mathfrak{a}^2=1$ は偽です。つまり、アーギュメント2に対し、$2^2=1$ となりますが、これは偽です。さて、$—\overset{\mathfrak{a}}{\smile}— \mathfrak{a}^2=1$ が偽であるならば、以前に、否定線について定めたところにより、$—\top\overset{\mathfrak{a}}{\smile}— \mathfrak{a}^2=1$ は真です。こうして、

$$\vdash\top\overset{\mathfrak{a}}{\smile}— \mathfrak{a}^2=1$$

が得られます。すなわち、「あらゆる対象が1の平方根であるとは限らない」、あるいは「1の平方根でない対象が存在する」。

1の平方根が存在する、ということもわれわれは表現できるでしょうか。もちろんできます！ 関数 $x^2 = 1$ の代りに、関数

$$-\!\neg\!-\, x^2 = 1$$

をとりさえすればよいのです。

「$-\smile^{\mathfrak{a}}-\quad -\!\neg\!-\,\mathfrak{a}^2 = 1$」

から、水平線を融合すると、

「$-\smile^{\mathfrak{a}}\!-\!\neg\!-\,\mathfrak{a}^2 = 1$」

が生じます。

これは偽を意味します。あらゆるアーギュメントに対し、関数

$$-\!\neg\!-\, x^2 = 1$$

の値が真であるとは限らないからです。たとえば、

$$-\!\neg\!-\, 1^2 = 1$$

は偽です。$1^2 = 1$ が真だからです。さて、こうして、

$$-\smile^{\mathfrak{a}}\!-\!\neg\!-\,\mathfrak{a}^2 = 1$$

は偽ですから、

$$-\!\neg\!-\smile^{\mathfrak{a}}\!-\!\neg\!-\,\mathfrak{a}^2 = 1$$

は真です。つまり、

$$\vdash\!\!\top\!\overset{\mathfrak{a}}{\smile}\!\top\!\!-\ \mathfrak{a}^2 = 1$$

すなわち、「あらゆるアーギュメントに対し、関数

$$-\!\!\top\!\!-\ x^2 = 1$$

の値が真になるとは限らない」、あるいは「あらゆるアーギュメントに対し、関数 $x^2 = 1$ の値が偽であるとは限らない」、あるいは「1の平方根が少なくとも一つ存在する」。

なお二、三の例をここで順に記号と言葉で示しておくのがよいかと思われます。

$$\vdash\!\!\top\!\overset{\mathfrak{a}}{\smile}\!\top\!\!-\ \mathfrak{a} \geqq 0$$

正の数が少なくとも一つ存在する。

$$\vdash\!\!\top\!\overset{\mathfrak{a}}{\smile}\!\top\!\!-\ \mathfrak{a} < 0$$

負の数が少なくとも一つ存在する。

$$\vdash\!\!\top\!\overset{\mathfrak{a}}{\smile}\!\top\!\!-\ \mathfrak{a}^3 - 3\mathfrak{a}^2 + 2\mathfrak{a} = 0$$

方程式 $x^3 - 3x^2 + 2x = 0$ の根(一四)が少なくとも一つ存在する。

このことから、重要な存在文をどのように表現すべきかが理解できます。ある概念を関数文字 f によって不特定の仕方で示唆するとき、

$$-\overset{\mathfrak{a}}{\smile}-\ f(\mathfrak{a})$$

という形式が得られます。そして、判断線を除くと、最後の諸例はこの形式に含まれます。たとえば、x^2 から「1^2」、「2^2」、「3^3」が生じるように、この形式から、それと似た仕方で、

「$\vdash\overset{\mathfrak{a}}{\smile}\mathfrak{a}^2 = 1$」，「$\vdash\overset{\mathfrak{a}}{\smile}\mathfrak{a} \geqq 0$」，「$\vdash\overset{\mathfrak{a}}{\smile}\mathfrak{a} < 0$」，

という表現が生じます。ところで、x^2が一つの関数で、そのアーギュメントが「x」によって示唆されているように、

「$\vdash\overset{\mathfrak{a}}{\smile}\mathfrak{a}^3 - 3\mathfrak{a}^2 + 2\mathfrak{a} = 0$」

私は、

「$\vdash\overset{\mathfrak{a}}{\smile}f(\mathfrak{a})$」

を、また関数表現と解釈します。そのアーギュメントは「f」によって示唆されています。このような関数は、これまで考察した関数とは明らかに根本的に異なっています。なぜなら、そのアーギュメントになり得るものは関数のみだからであります。さて、関数が対象とは根本的に異なっているように、そのアーギュメントが関数であり、かつ関数でなければならないような関数もまた、そのアーギュメントが対象であり、かつそれ以外のものではありえないような関数とは根本的に異なっています。私は後者の関数を第一階関数、前者の関数を第二階関数と名付けます。同様に、私は第一階概念と第二階概念とを区別します。[8] 実際、第二階関数は長いこと解析学において使われています。たとえば、積分される関数をアーギュメントとみなせば、定積分がそうであります。

二つのアーギュメントをもつ関数について、なおもう少し付け加えておこうと思います。われわれは、対象を表わす複合記号を、飽和した部分と不飽和の部分とに分解することによって、関数の表現を手に入れました。ですから、たとえば、真を表わす記号

「$3 > 2$」

は、「3」と「$x>2$」に分解されます。われわれは、不飽和な部分「$x>2$」をさらに同じ仕方で、「2」と、

「$x > y$」

に分解することができます。ただし、ここの「y」は今では空所の目印であり、そしてこの空所は以前は「2」によって満たされていたものです。

「$x>y$」

は、二つのアーギュメントをもつ関数で、その一方のアーギュメントは「x」により、もう一方のアーギュメントは「y」によって示唆されています。そして、

$$3>2$$

は、アーギュメント3と2に対する、この関数の値であります。ここにあるのは、その値が常に真理値であるような関数です。一つのアーギュメントをもつそのような関数を、われわれは概念と呼びました。二つのアーギュメントをもつそのような関数を、われわれは関係と名付けます。たとえば、

$$x^2+y^2=9$$

と、

$$x^2+y^2>9$$

は共に関係でありますが、これに反し、関数

$$x^2+y^2$$

は値として数をとります。ですから、これをわれわれは関係とは呼びません。

今やわれわれは、算術に限定されない一つの関数を導入することができます。関数

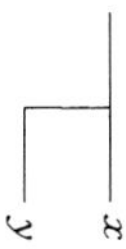

の値は、y－アーギュメントとして真を、それと同時に、x－アーギュメントとして真でない対象をとるとき、偽とします。そして、それ以外のすべての場合には、この関数の値は真とします。下方の水平な線ならびに、上方の水平な線が垂直な線によって分解される二つの部分は、水平線と解釈されるべきであります。[一五] その結果として、われわれは――xと――yを、すなわち真理値を常にわれわれの関数のアーギュメントとみなすことができるのであります。

一つのアーギュメントをもつ関数のなかで、われわれは第一階関数と第二階関数とを区別しました。今や、多様な可能性がいっそう増大します。二つのアーギュメントをもつ関数は、アーギュメントに関して、階を同じくする場合もあれば、異にする場合もあります。すなわち、同階の関数と異階の関数です。[一六] これまで考察してきた関数は同階の関数でした。異階の関数は、たとえば、アーギュメントとして、微分される関数と、それについてこの関数が微分されるアーギュメントとをとったときの微分商です。あるいは、積分される関数と上端とをアーギュメントにとったときの定積分です。同階の関数は、ふたたび、第一階関数と第二階関数に分類できます。そのような第二階関数は、たとえば、

$$F(f(1))$$

です。ここで「F」と「f」はアーギュメントを示唆します。

一つのアーギュメントをもつ第二階関数においては、そのアーギュメントとして、一つのアーギュメントをもつ関数をとることができるか、あるいは二つのアーギュメントをもつ関数をとることができるかに応じて、われわれは区別を設けねばなりません。なぜなら、一つのアーギュメントをもつ関数は、二つのアーギュメントをもつ関数とは本質的に異なり、そのため、一方の関数がアーギュメントとして登場できるほかならぬその場所に、他方の関数はアーギュメントとして登場することができないからです。一つのアーギュメントをもつ第二階関数のなかには、そのアー

ギュメントとして、一つのアーギュメントをもつ関数を要求するものもあれば、二つのアーギュメントをもつ関数を要求するものもあります。そして、この二つのクラスは厳密に分れています。

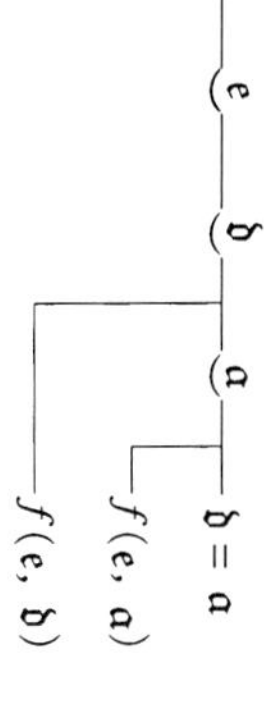

は、一つのアーギュメントをもつ第二階関数のなかで、そのアーギュメントに、二つのアーギュメントをもつ関数を要求するものの一例であります。文字「f」はここではアーギュメントを示唆します。そして、「f」に続くカッコの中で、コンマによって区切られている二つの場所は、fが二つのアーギュメントをもつ関数の代りをすることをわれわれに気づかせてくれます。

二つのアーギュメントをもつ関数においては、多様性はなおいっそう増大します。

このような観点から算術の発展をふり返ってみると、一つの階から他の階へと上昇してきたことに気がつきます。まず第一に、われわれは1、3等々の個々の数の計算をしました。

$$2+3=5,\ 2\cdot 3=6$$

は、この種の定理であります。それから、すべての数に妥当する、より一般的な法則へと進みます。表記法の上でこれに対応するのは、代数計算への移行であります。

$$(a+b)\cdot c = a\cdot c+b\cdot c$$

が、この種の定理です。これにより人々は、個々の関数を考察できるようになりましたが、まだ言葉を数学的ないみにおいて用いず、また言葉の意味を把握してもいませんでした。その次の高い階は、関数についての一般的な法則の認識であり、それに伴って、「関数」という術語を創り出したことであります。表記法の上でこれに対応するのは、関数を不特定の仕方で示唆するために、f、Fのような文字を導入したことであります。

$$\frac{df(x)\cdot F(x)}{dx} = F(x)\cdot\frac{df(x)}{dx} + f(x)\cdot\frac{dF(x)}{dx}$$

がこの種の定理です。これにより人は今や、個別の第二階関数に到達しましたが、しかし、われわれが第二階関数と呼んだものが何であるかは、把握してはいません。それを把握をすることにより、人々はその次へと前進します。このような前進がさらに続くだろうと人は思うかもしれません。だが、この最後の一歩は、おそらく、もはや以前のものほど成果の多いものではないでしょう。なぜなら、関数の研究がいっそう進むと、[一七]われわれは——このことは別の場所で示すことになっているのだが[一八]——第二階関数の代りに第一階関数を考察することができるからであります。しかし、このことによって、第一階関数と第二階関数との区別が取り除かれはしません。なぜなら、この区別は恣意的に設けられたものではなく、事柄の本性に深く根ざしたものだからであります。

また、われわれは二つのアーギュメントをもつ関数の代りに、ただ一つの、しかし複素数のアーギュメントをもつ関数を考察することができます。しかしながら、この場合にも、一つのアーギュメントをもつ関数と二つのアーギュメントをもつ関数との区別は、全く厳格に存続するのであります。

（1）　一八七九年一月一〇日[一九]ならびに一八八二年一月二七日[二〇]。

（2）　*Die Grundlagen der Arithmetik*『算術の基礎』、Breslau 1884, §92以下、および医学と自然科学のためのイェナ協会の一八八五年の会報。会合は七月一七日[二一]。

（3）　次の論文を参照。H. von Helmholtz, *Zählen und Messen erkenntnistheoretisch betrachtet.* および Leopold Kronecker, *Über den Zahlbegriff.* (Philosophische Aufsätze. Eduard Zeller zu seinem fünfzigjährigen Doktorjubiläum gewidmet. Leibzig 1887.)

（4）　その際常に重要なことは、一つの記号に一つの意義あるいは一つの意味を結びつけることです。意義と意味が全く欠けているところでは、本来、記号についても、また定義についても語ることはできません〔三〕。

（5）　通常の数学的表現の多くのいいまわしでは、おそらく、「関数」という語は、私がここで関数の走値と名付けたものに対応するでしょう。しかし、この語の、ここで用いたいみでの関数が、論理的にはより先のものなのであります。

（6）　このようないい回しが、何よりもまず恣意的で人為的に見えるかもしれないこと、ならびに、より詳しい根拠づけが必要なことを私は認めます。Zeitschrift für Philosophie und philosophische Kritik に近く掲載される拙稿 *Über Sinn und Bedeutung* を参照。〔本書の第二論文を参照―訳者〕

（7）　判断線は関数表現を構成するために用いることはできません。なぜなら、判断線は、他の記号と共同して対象を指示するのには役立たないからです。「├─2＋3＝5」は何ものをも指示しません。それはなにかを主張するのです。

（8）『算術の基礎』§53 の末尾を参照。私は、そこでは、「第二階」の代りに「第二次」と述べました。神の存在に関する存在論的証明は、存在を第一階概念の如く取り扱うという誤りに陥っています。

二　意義と意味について

相等性[1]がわれわれに熟考を迫るのは、幾つかの必ずしも容易に答えることのできない問題がこれに結びついているからである。相等性は関係であるか。それは対象の間の関係か。それとも、対象を表わす名前あるいは記号の間の関係か。私の〝概念記法[一]〟においては、私は後者に取った。そのことの正しさを証明すると思われる理由は、次の通りである。$a=a$ と $a=b$ は明らかに認識価値を異にする命題である。すなわち $a=a$ はアプリオリに妥当するので、カントに従って分析的と名付けることができる。これに対し $a=b$ という形式の命題はしばしば、われわれの認識に関して非常に価値の高い拡張を含み、必ずしもアプリオリに基礎づけることが出来るとは限らない。毎朝新しい太陽が昇るのではなく、いつも同じ太陽が昇るのであるという発見は、おそらく天文学において最も影響の大きい発見の一つであったろう。今日でも、小さな惑星や彗星を確認することは必ずしも自明のことではない。さて、相等性を、名前「a」および「b」が意味するものの間の関係と見なそうとするなら、$a=b$ が真であるときには、$a=b$ は $a=a$ とは異なることがあり得ないように思われる。これによって表現されるのは、一つのものの自分自身に対する関係であろう。そして、これは、確かにあらゆるものが自分自身に対して立つ関係であるが、いかなるものも他のものに対してはもたない関係である。$a=b$ によってわれわれが言い表わしたいのは、記号あるいは名前「a」および「b」が同じものを意味する、ということであるように思われるし、そしてこの場合に議論になっているのはまさしくそれらの記号のことであろう。つまり、記号の間の一つの関係が主張されるのであろう。しかしながら、この関係が成立するのは、名前あるいは記号が何かを名指すか、あるいは指示する場合に限る。それは、指示される同じものに二つの記号のおのおのが結びつくことによって媒介される関係であろう。しかし、この結びつきは恣意的である。任意に創り出すことのできる事象や事物を何かあるものを表わすための記号として採用することは誰にも禁止することはできない。すると、その場合には、命題$a=b$はもはや事態そのものにかかわるのではなく、やはり単にわれわれの表記法にかかわるにすぎないであろう。つまり、われわれはこの命題においては少しも本来の認識を表現しないであろう。だが、しかし、われわれは多くの場合まさしくそれを表現したいのである。もし記号「a」が記号「b」から単に対象として(ここでは、形態によって)のみ区別されて、記号としては区別されないならば、ということは、それが何かを指示するその仕方に関して区別されることがないならば、ということであるが、その場合は、$a=a$の認識価値は、$a=b$が真であるなら、本質的には$a=b$の認識価値に等しいであろう。差異が生じ得るのは、指示されるものの与えられ方の相違に記号の相違が対応する場合に限られるのである。a、b、cを、三角形の頂点と向い合う辺の中点を結ぶ直線とする。このとき、aとbの交点はbとcの交点と同じである。かくしてわれわれは同じ点に対し相異なる表記をもつ。そしてこれらの名前(「aとbの交点」「bとcの交点」)は同時にものの与えられ方をも示しており、したがってその命題には本物の認識が含まれているのである。[二]

今や明白なことであるが、記号(名前・語結合・文字)には、記号によって指示されるもの——これは記号の意味と呼ぶことができる——のほかに、なお私が記号の意義と名付けようと思っているもの——ここにはものの与えられ方が含まれている——が結びついていると考えられる。これによると、われわれの例においては、確かに、「aとbの交点」という表現の意味と「bとcの交点」という表現の意味は同じであるが、しかしそれらの意義は同じではないであろう。「宵の明星」と「明けの明星」の意味は同じであるが、意義は同じではないであろう。

脈絡から明らかなことであるが、私がここで「記号」とか「名前」とか言っているのは、固有名の代りをする何らかの表記のことであり、かくしてその意味は特定の対象(この語は最も広い範囲に取る)であるが、決して概念や関係ではない。概念および関係に関しては別の論文においてさらに詳しく触れる予定である。(三) 個別の対象の表記は幾つかの語や他の記号から構成されていることもある。簡潔さのために、そのようなあらゆる表記を固有名と呼ぶことにしよう。

固有名の意義は、その固有名が属する言語あるいは表記法の全体に十分に精通しているあらゆる人によって把握される。(2) しかしながらこのことによっては、意味は、それが存在するとして、やはり常にその一面に光が当てられるにすぎない。意味に関する全般的な認識のためには、与えられたおのおのの意義について、それが意味に附属しているかどうかをわれわれが即座に述べることができる、ということがわれわれに要求されるであろう。そのような認識にはわれわれは決して到達しない。

記号、その意義および意味の間の規則正しい結びつきは次のようなものである。記号には一つの特定の意義が対応し、そしてこの意義に、あらたに一つの特定の意味が対応するが、他方、一つの意味(一つの対象)には一つの記号のみが所属するわけではない。同じ意義は異なる言語において異なる表現を有する。それどころか、同じ言語においてさえ異なる表現を有する。もちろん、この規則正しい振舞いに例外はある。記号の完全な体系においては、確かに各記号に一つの特定の意義が対応しているはずであるが、自然言語はしばしばこの要求を満たさない。同じ語が同じ脈絡において常に同じ意義をもちさえすれば、われわれはそれで満足しなければならない。固有名の役割をする、文法的に正しく形成された表現は常に一つの意義をもつ、ということはおそらく認めてよいであろう。しかし、その意義に今度はまた意味が対応しているかどうかは、このことによっては何も言われてはいない。「地球から最も遠く離れている天体」という語は意義をもっている。しかし、これがまた意味ももつかどうかは非常に疑わしい。「最も緩やかに収束する数列」という表現は意義をもつが、しかし意味をもたないことが証明できる。なぜなら、収束するどの数列に対しても、それより緩やかに、しかし依然として収束する数列を見出すことが出来るからである。それゆえ、意義を把握したからといって、われわれにはまだ確信をもって意味が与えられているわけではない。

語を通常の仕方で用いるとき、人々が語ろうと思っているのは、その語の意味についてである。しかしまた、語そのものについて、あるいは語の意義について述べたいこともある。例えば、他人の語を直接話法で引用するときがそれである。このとき、引用者自身の語はまず他人の語を意味し、そしてこの他人の語がはじめて通常の意味を有する。こうしてわれわれは記号についての記号をもつのである。書き言葉においては、この場合われわれは語そのものを引用符で囲む。だから引用符の内にある語は通常の意味をもつものとみなしてはならない。

表現「A」の意義について述べようと思うなら、「表現「A」の意義」という言い回しを用いることによって端的に述べることができる。間接話法においては、われわれは例えば他人の話の意義について語る。このことから、次のことが明らかである。この話法においては、語は通常の意味をもつのではなく、通常の意義を意味する。簡潔に表現するため、われわれはこう言おう。間接話法においては語は間接的に用いられる、あるいは間接的意味をもつ、と。それゆえ、われわれは語の通常の意味と間接的意味とを区別し、また語の通常の意義と間接的意義とを区別する。だから語の間接的意味は語の通常の意義なのである。個々の場合における記号、意義および意味の結合様式を正しく把握しようと思うならば、われわれは常にこのような例外によく気をつけていなければならない。

記号の意味および意義は、記号に結びつけられる表象とは区別されなければならない。もしも記号の意味が感覚的に知覚可能な対象であるならば、その対象についての私の表象は一つの内的なイメージであり、このイメージは私が以前にもったことのある感官印象に関する記憶、ならびに私が以前に遂行したことのある内的および外的な行為に関する記憶から生まれたものである。[3] イメージにはしばしば感情が浸み込む。つまりイメージの個々の部分の明瞭さは互いに異なり、かつ揺れる。同じ人間においてさえ、必ずしも同じ表象は同じ意味に結びつくとは限らない。表象は主観的である。すなわち一方の人の表象は他方の人の表象ではない。だから、同じ意義に結びつけられた表象の間に多様な相違があるのは自明なことである。画家、騎手、動物学者は、おそらく「ブーケファロス」[四]という名前に非常に異なった表象を結びつけるであろう。このことによって表象は本質的に記号の意義から区別されるのである。記号の意義は多くの人々の共有財産となり得るものであり、したがって個々の人間の心の部分でもなければ様態でもない。なぜなら、われわれはおそらく次のことを否定できないからである。人類には一つの世代から他の世代へと伝えられる思想の共通な貯えがある。[4]

このように、端的に意義について語ることには何の疑念もないが、一方、表象に関しては、厳密に言えば、それがいつ誰に属するかを付け加えねばならないのである。ことによると人はこう言うかもしれない。同じ語に一方の人がある表象を結びつけ、他方の人が別の表象を結びつけるように、また、同じ語に一方の人がある意義を結びつけ、他方の人が別の意義を結びつけることもできるのである、と。しかしながら、やはり相違はこの結合の仕方に存するのである。このことは、二人が同じ意義を把握することを妨げはしないが、しかし同じ表象を二人がもつことはできない。もし二人が同じことをなすとしても、それは同じからず。二人が同じことを思い浮かべる場合でも、おのおのはやはり自分自身の表象をもつのである。確かに、さまざまな人々の表象の相違を、それどころか感覚の相違でさえも確定することは時折可能であるが、しかし正確な比較は可能ではない。なぜなら、われわれはこれらのさまざまな表象を同じ意識において同時にもつことは出来ないからである。

固有名の意味は、われわれがその固有名を用いて指示する対象そのものである。その際にわれわれがもつ表象は全く主観的である。意義はその中間に位置する。意義はもはや表象ほど主観的なものではないが、しかしまた対象そのものでもない。この関係を明らかにするには、おそらく次のような比喩が適しているだろう。いま誰かが望遠鏡で月を観察しているものとする。私は月そのものを意味に喩える。月は観察の対象であるが、観察は一般に、望遠鏡の内側にある対物レンズによって投射される実像と観察者の網膜像によって媒介されるものである。実像を私は意義に喩え、網膜像を表象ないし直観に喩える。望遠鏡の内側にある像はなるほど一面的であり、観察が行なわれる場所によって異なるが、しかしその像は、多くの観察者が見ることができるといういみにおいてやはり客観的である。いずれにせよ、多くの人々が同時にそれを利用できるように手はずを整えることができるのである。しかし網膜像に関しては、各人はやはり自分自身の網膜像をもつであろう。眼の形態が観察者によって異なるため、ほとんど幾何学的な合同にさえ到達することはないし、実際の一致はあり得ないであろう。甲の網膜像を乙が見ることができるとか、あるいは甲自身がまた自分自身の網膜像を鏡で見ることができるとかと仮定することによってこの比喩をおそらくさらに発展させることができるであろう。こうすることによって、おそらく次のことを示すことができるであろう。確かに、表象をそれ自身対象とみなすことはできるが、しかしそのような表象は、表象を行う者に対して、表象が現に直接的にもっている関係を、観察者に対してもってはいないのである。だが、このような考察を追求してゆくならば、われわれはおそらく脇道にそれることになるだろう。

さてわれわれは語、表現および文全体の間に三つのレヴェルの相違を認識できる。この相違はせいぜい表象に係わるか、意義には係わるが意味には係わらないか、あるいは最後に意味にも係わるかのいずれかである。第一のレヴェルに関しては、次のことに注意しなければならない。すなわち、表象と語との結びつきが不確かなため、表象間の相違は人によって認めたり認めなかったりする。原文と翻訳との相違は、本来、第一のレヴェルを越えてはならない。なおこのレヴェルの相違に数えることのできるものに、語の色合いと陰影があるが、それらは作詩法および(五)雄弁術が語の意義に与えようと努めているものである。このような色合いや陰影は客観的なものではなく、詩人や雄弁家の暗示にしたがって、聞き手や読み手がおのおの自分自身で創り出さなければならないものである。もちろん、人間の表象に類似性がなければ芸術は不可能であろう。しかし詩人の意図がどれくらい実現されているかは、決して正確には確かめることはできない。

以下では表象や直観についてはこれ以上は論じないことにする。ここでそれらに言及したのは、語が聞き手のうちに呼び起こす表象を語の意義あるいは意味と混同するといけないからである。

簡潔で正確な表現を可能にするために、次のような言い回しを定めておくことにしよう。

固有名(語・記号・記号結合・表現)はその意義を表現し、その意味を意味する、あるいは指示する。われわれは記号を用いてその意義を表現し、また記号を用いてその意味を指示する。

観念論者および懐疑論者の側からおそらく、もうとうに次のような抗議がなされていることであろう。「あなたは今、月を無造作に対象として語っているが、しかし「月」という名前がそもそも意味をもつということをどこから知ったのか。一般に何かあるものが意味をもつということを、どこから知ったのか」。私はこう答える。われわれが「月」と言うとき、月に関するわれわれの表象を述べることがわれわれの目的ではないし、またわれわれはこの語の意義で満足もしない。そうではなく、われわれはこの語の意味を前提しているのである。「月は地球より小さい」という文において話題にされているのは月についての表象であると仮定しようとするなら、それは全く意義を捉えそこなうことになろう。もしそれが話し手の望みであるならば、彼は、「月に関する私の表象」という言い回しを用いるであろう。ところで、われわれが誤って意味を前提することはもちろんあり得ることであるし、事実またそのような誤りが生じたこともある。しかし、意味を前提する際にわれわれがもしかするとつねに過ちを犯すかどうかという問いに対しては、ここでは答えを出さないでおくことができる。記号の意味について語ることを正当化するためには、たとえそのような意味が存在するときにはという条件つきであっても、さしあたり、発話あるいは思考に際してのわれわれの意図を指摘すればそれで十分である。

これまでは、われわれが固有名と呼んだような表現・語・記号に関してのみ、意義と意味を考察してきた。今度は主張文全体に関して、意義と意味を調べてみる。そのような文は思想を含んでいる。(5) ところで、この思想は文の意義と見なされるべきであるか、それとも意味と見なされるべきであるか。まずわれわれは、文は意味をもつものと仮定しよう！　いま文において、一つの語を、意義は異なるが同じ意味をもつ別の語で置き換えたとき、このことは文の意味に影響を与えはしない。だが、その場合に思想が変ることは分る。なぜなら、例えば、「明けの明星は太陽によって照らし出される天体である」という文の思想は、「宵の明星は太陽によって照らし出される天体である」という文の思想とは異なるからである。宵の明星が明けの明星であることを知らない者は一方の思想を真とみなし、他方の思想を偽とみなすかもしれない。だから、思想は文の意味ではありえない。それどころかわれわれは思想を意義として把握しなければならないであろう。では意味についてはどうであろうか。そもそもわれわれは意味を問うことができるのであろうか。もしかすると文は全体として一つの意義をもつに過ぎず、意味はもたないのではあるまいか。いずれにせよ、意義はもつが意味をもたない文成分が存在するのと全く同様に、そのような文が存在することは予期できるであろう。そして、意味をもたない固有名を含んでいる文が、この種の文であろう。「オデュッセウスはぐっすり眠っている間にイタケーの海岸に打ち寄せられた」という文は明らかに意義をもっている。しかし、この文の中にある「オデュッセウス」という名前が意味をもっているかどうかは疑わしいので、文全体が意味をもつかどうかも、それとともにまた疑わしい。しかし、それにもかかわらず、本気でこの文を真もしくは偽とみなす者は、「オデュッセウス」という名前に、意義のみならず意味をも認めているということは確かである。なぜなら、述語は実際この名前の意味に対して肯定されたり、あるいは否定されたりするものだからである。意味を認めない者は述語を肯定することも否定することもできない。だが、この場合には名前の意味にまで突き進むことは余計なことであろう。思想の段階に立ち止まろうというのであれば、意義で満足できるであろう。文の意義である思想だけが問題であるならば、文成分の意味に気を配る必要はないだろう。実際、文の意義に対して考慮に入れられるのは、文成分の意味ではなく、文成分の意義だけである。「オデュッセウス」という名前が意味をもとうがもつまいが、思想は依然として同じである。われわれがいやしくも文成分の意味に気を配っているという事実が、われわれが文そのものに対してもまた一般に意味を認め、かつ求めているということの表われである。思想は、その部分の一つに意味の欠けていることが判明するや否や、われわれにとって価値を失う。それゆえ、われわれが文の意義で満足しないで、その意味をも求めるのは当然のことなのである。しかし一体なぜわれわれは、あらゆる固有名が意義のみならず、意味をも有することを欲するのであろうか。なぜわれわれは思想で満足しないのか。それは真理値がわれわれにとって問題だからであり、またその範囲内でのことである。(六)常に真理値が問題になるとは限らない。たとえば、詩を聴く場合には、言葉の快い響きのほかには、文の意義とそれによって呼びさまされた表象および感情だけがわれわれの心を捉えるのである。真理を問うときには、われわれは芸術の享受を放棄して学問的考察に取り組むのである。だから詩を芸術作品として受け入れる限り、たとえば「オデュッセウス」という名前が意味をもつか否かはわれわれにとってまたどうでもよいことなのである。(6)こういうわけで、真理を獲得しようとする努力が、われわれをして到る所で意義から意味へ突き進むように駆り立てるのである。

われわれは次のことを見て来た。文の構成要素の意味が問題になるときには、常に文に関して意味を求めることができる。そしてこれは常に、われわれが真理値を問うとき、かつそのときに限って成り立つことである。

このようにしてわれわれは、文の真理値を文の意味として承認することを余儀なくされるのである。私が文の真理値と言うのは、文が真である状況、あるいは偽である状況のことである。ほかに真理値はない。簡潔のために、私は一方を真、他方を偽と名付ける。こうして、文中の語の意味が問題になるような主張文はいずれも固有名として把握されるべきであり、しかもその意味が存在するときは、それは真か偽かのいずれかである。この二つの対象は、およそ判断を下す者、つまり何かを真とみなす者によって——たとえ暗黙の裡に行なわれるにすぎないとしても——承認されるし、だからまた懐疑論者によっても承認される。真理値を対象と呼ぶことは、ここではまだ、なんら深遠な帰結を引き出すことのできない恣意的な思いつきに見えるかもしれないし、ひょっとすると単なることばの遊戯と思われるかもしれない。私が対象と名付けるものは、より正確には、概念および関係との関連においてのみ考究できるものである。私はそれを別の論文のために取っておく。(七) しかし、次のことだけはここで既に明らかであろう。あらゆる判断(7)においては——そしてそれがなおどれほど自明であれ——既に思想の段階から意味(客観的なもの)の段階への移行が行われているのである。

人は、思想の真なるものに対する関係を、意義の意味に対する関係としてではなく、主語の述語に対する関係とみなしたくなるかもしれない。確かにこう述べることはできる。「5は素数であるという思想は真である」、と。しかしより正確に見てみると、この文では、「5は素数である」という単純な文で述べられている以上のことは本来何も述べられていないことに気がつく。二つの文がそれぞれ真理を主張していることは、それらが主張文という形式をもっていることから分る。そしてこの形式がその通常の力をもたない場合、たとえば舞台の上の俳優の口をついて出る場合、「5は素数であるという思想は真である」という文でさえも一つの思想を含んでいるにすぎないのであり、しかもそれは、「5は素数である」という単純な文と同じ思想である。このことから、思想の真への関係はやはり主語の述語に対する関係になぞらえてはならないことを見てとることができる。主語および述語は(論理的ないみに解するなら)むろん思想の部分である。認識にとっては両者は同じレヴェルにある。主語と述語を結合することによってわれわれは常に一つの思想に到達するにすぎないのであって、決して一つの意義からその意味へ到達するのでもなければ、一つの思想からその真理値へ到達するのでもない。われわれは同じレヴェルの上で動くが、一つのレヴェルから次のレヴェルへ前進するのではない。たとえば太陽が思想の部分ではあり得ないのと同様に、真理値は思想の部分ではあり得ない。なぜなら真理値は意義ではなく、対象だからである。

文の意味は真理値であるというわれわれの推測がもしも正しいならば、一つの文成分を、意義は異なるが同じ意味をもつ別の表現で置き換えたとき、文の意味は変わらないに違いない。そして、これは実際に成り立つ。ライプニッツは率直にこう定義する。「真理をそこなうことなく相互に代入できるものは相等しい」。いやしくもそれの構成要素の意味が問題になるようなあらゆる文に全く一般的に属し、かつ上述の種類の代入に際しても変ることのないものとして、われわれは真理値以外にいったい何を見出し得るであろうか。

さて文の真理値が文の意味であるならば、一方では、すべての真なる文は同じ意味をもち、他方では、またすべての偽なる文は同じ意味をもつ。このことから、文の意味においては、個別的なことはすべて消去されていることが分る。だからわれわれにとっては、決して文の意味だけが重要ではあり得ない。しかしまた、思想だけでも認識にはならず、思想がその意味をもつとき、すなわち真理値をもつときにはじめて認識をもたらすのである。判断することは、思想からその真理値へ前進することである、と理解することができる。もちろん、これは定義などではない。判断はまさしく全く独特で比類のないものである。人はこう述べることもできよう。判断することは真理値の内部において部分を区別することである、と。この区別は思想へ立ち戻ることによって行われる。真理値を伴う意義には、おのおの、それに固有の分析様式が対応するであろう。もちろん私は「部分」という語をここでは特殊ないみに用いている。つまり、一つの語がある文の部分であるとき、私はこの語自身の意味をその文の意味の部分と名付けることにより、文における全体と部分の関係を、文の意味における全体と部分の関係に転用したのである。もちろん、これは抗論の余地のある言い回しである。なぜなら、意味に関しては全体とその一部分によって残りの部分が決定されるわけではないし、また〝部分〟という語は身体に関しては既に別のいみで用いられているからである。これに対しては特別の表現を作る必要があるだろう。

さて、文の真理値が文の意味であるという推測を詳しく検討しよう。文中の一つの表現をそれと同じ意味をもつ一つの表現によって置き換えたとき、その文の真理値は影響を受けないということを見た。しかしその際、置き換えられるべき表現自体が文であるケースは、われわれはまだ考察していない。さて、われわれの見解が正しいならば、他の文を部分として含む文の真理値は、その部分文を、真理値を同じくする他の文で置き換えたとき、依然として変わらないにちがいない。これに対する例外は、文全体あるいは部分文が直接話法であるかまたは間接話法であるときに予期できる。なぜなら、既に見たように、語の意味はそのような場合には通常の意味ではないからである。直接話法においては、文はまたもや一つの文を意味し、間接話法においては思想を意味する。

かくして、われわれは副文の考察へと導かれる。副文はなんといっても複合文の部分として登場するものであり、複合文は論理的観点からは同じく文であり、それも主文である。だがわれわれがここで直面しているのは、文の意味は真理値であるということが、そもそも副文についても同様にあてはまるかどうかという問題である。確かに、間接話法についてはその反対であることをわれわれは既に知っている。文法学者は副文を文成分の代理物とみなし、文成分に応じて副文を名詞文、形容詞文、副詞文に分類する。このことからわれわれは次のように推測できよう。副文の意味は真理値ではなく、名詞や形容詞あるいは副詞の意味、要するに文成分の意味、と同種類のものであり、そして文成分は意義として思想をもつのではなく、思想の部分のみをもつのである。このことについては、詳しく調べてみなければ明確なことは分らない。その際われわれは文法的な手がかりにあまりとらわれることなく、論理的に同種類のものはまとめることにしよう。何はさておきわれわれは、今しがた推測したように、副文の意義が独立した思想ではないようなケースを捜してみよう。

間接話法が、「……ということ」という言葉によって導入される抽象的な名詞文の一つであることは事実であるが、この間接話法について、われわれは次のことを見てきた。間接話法においては語はその間接的な意味をもち、この意味は通常の場合のそれの意義と一致する。だからこの場合には、副文は意味として思想をもつのであって、真理値をもつのではない。またこの副文は意義として思想をもつのではなく、思想の部分にすぎない——をその意義としてもつのである。「……という思想」という語の意義——これは複合文全体の思想の部分にすぎない——をその意義としてもつのである。このことは、「……と言う」「……が聞える」「……を知っている」「……と思う」「……と確信している」「……と結論する」「……と認識する」および類似の語の前で起こる。この場合には、副文は意味として思想をもつのであって、真理値をもつのではない。またこの副文は意義として思想をもつのではなく、「……という思想」という語の意義——これは複合文全体の思想の部分にすぎない——をその意義としてもつのである。「……という思想」という語の前では事情は異なっており、その上かなり複雑であるが、これらについては後に考察する予定である。

われわれの場合、副文の意味が実際に思想であることは、その思想の真であるか否かが、文全体が真であるためはどうでもよい、ということからもみてとれる。たとえば、次の二つの文を比較してみよう。「惑星の軌道は円である、とコペルニクスは信じた」および「太陽の見かけの運動は地球の自転によって引き起こされるものである、とコペルニクスは信じた」。ここでは、一方の副文に他方の副文を代入しても全体の真理がそこなわれることはない。副文と一体となった主文は、意義として唯一つの思想を含むにすぎず、文全体が真だからといって、副文が真であるということにもならないし、また偽であるということにもならない。このような場合には、副文中の一つの表現を、それと同じ通常の意味をもつ他の表現によって置き換えることは許されず、それと同じ間接的な意味、すなわち、同じ通常の意義をもつような表現によって置き換えることが許されるだけである。次のように結論したくなる者もいよう。文の意味は真理値ではない、「なぜなら、真理値であるならば、一つの文を、それと同じ真理値をもつ他の文によって至る所で置き換えることが許されるであろうから」と。だが、これは言い過ぎである。同様に、こう主張することもできよう。「明けの明星」という語の意味は金星ではない、なぜなら、「明けの明星」の代りにいつでも「金星」というわけにはゆかないからである、と。正しくは、こう結論できるだけである。文の意味は必ずしも真理値ではない、また「明けの明星」という語は必ずしも金星という惑星を意味するとは限らない、つまりこの語がその間接的な意味をもつときは、金星を意味しない。このような除外例が生じるのは、その意味が思想であるというような、まさにわれわれが考察したばかりの副文においてである。

われわれが「……のように思われる」と言うとき、実際に意味しているのは、「……のように私には思われる」とか、あるいは「……と私は思う」ということである。かくして、われわれは再び同じケースに出合う。「……を喜ぶ」「……を残念に思う」「……と認める」「……をとがめる」「……を望む」「……を恐れる」の如き表現においても事情は似ている。ワーテルローの戦いが終る頃ウェリントンがプロシア軍のやって来るのを喜んだとしたら、彼の喜びの根拠は一つの確信であった。もし彼が思い違いをしていたとしても、彼の妄想が続く限りは、彼はすくなからず喜んだことであろう。そして、プロシア軍が来るという確信を得るまでは、実際にプロシア軍が既に接近していたとしても、彼はそのことを喜ぶことはできなかったであろう。

確信あるいは信念が感情の根拠であるのと同様に、確信はまた、推論の場合に見られる如く、確信の根拠でもあり得る。「地球が円形であることから、コロンブスは、西方へ向って旅をすればインドに到達できると推論した」という文には、文成分の意味として、二つの思想、地球は円い、および西へ向って旅をすればコロンブスはインドに到達できる、が与えられている。ここで再び重要なのは、コロンブスがこの二つの思想を確信していたこと、ならびに一方の思想に対する確信が他方の思想に対する確信であった、ということだけである。地球が実際に円いかどうか、またコロンブスが考えていたように、西へ向って旅をすれば実際にインドに到達できるかどうかは、われわれの文が真であるためにはどうでもよいことである。しかし、われわれが「地球」という語を「月を衛星としてもち、かつこの衛星の直径が自分自身の直径の四分の一よりは大きい惑星」という語で置き換えるかどうかは、どうでもよいことではない。語が間接的意味をもつ場合がここにも見られるのである。

「……のために」という目的を表わす副詞文もまたここに属する。なぜなら、目的は明らかに一つの思想であるから。それゆえ、ここでは語は間接的意味をもち、接続法(九)が用いられるのである。

「……を命令する」「……を依頼する」「……を禁止する」の前に「……ということ」が来る副文は、直接話法においては命令文のように見えるであろう。そのような文は意味をもたず、意義をもつにすぎない。命令や依頼はなるほど思想ではないが、それらはやはり思想と同じレヴェルのものである。それゆえ、「……を命令する」「……を依頼する」等々に依存する副文においては、語は間接的な意味をもつ。だから、このような文の意味は真理値ではなく、命令、依頼、等々である。

「……であるかどうか、疑わしい」「……が何であるか、分らない」というような言い回しにみられる間接疑問においても、事情は似ている。ここでもまた語が間接的な意味をもつものとみなすべきであることは、容易に見てとれる。「だれ」「なに」「どこで」「いつ」「どのようにして」「なにによって」等々で始まる間接疑問文は、語が通常の意味をもつような副詞文に、外見上は、時折きわめてよく似ていることがある。これらの場合は、文法的には、動詞の話法によって区別される。接続法によってわれわれは間接疑問を形成するが、語はそこでは間接的な意味をもつ。その結果、固有名は同じ対象を表わす他の固有名によって一般に置き換えることができるとは限らないのである。

これまで考察してきた事例においては、副文中の語は間接的な意味をもっていた。そしてこのことから、副文そのものの意味が実際にもまた間接的な意味であること、すなわち、真理値ではなく、思想・命令・依頼・質問であることが明らかになった。副文は名詞と解釈することができたのである。それどころか、副文は、複合文の脈絡においてそれが表現しているあの思想、あの命令、等々の固有名である、と述べることもできるであろう。

今度は別の副文に向おう。つまり、語は確かに通常の意味をもつが、しかし思想が意義として登場することはなく、また真理値が意味として登場することのない副文に向おう。これがどのようにして可能であるかは、実例によって明らかにするのが最もよい。

「惑星の軌道が楕円形であることを発見した者は、悲惨な死を遂げた」。

もし副文がここで意義として思想をもつならば、この思想を、また主文において表現することが可能でなければならないであろう。だがこれはうまくゆかない。なぜなら、「……した者」という文法上の主語は独立した意義をもたず、「悲惨な死を遂げた」という帰結文との関連を媒介するにすぎないからである。それゆえ副文の意義も完全な思想ではない。また副文の意味はケプラーであって、真理値ではない。これに対し、次のように異議を申し立てることができよう。文全体の意義にはやはり一つの思想がその部分として含まれている、つまり、惑星の軌道が楕円形であることを最初に認識した者がいる、という思想が含まれている。なぜなら、およそ文全体を真とみなす人はこの部分を否定できないからである、と。最後のところは疑う余地がない。しかし、それが疑う余地がないのは、さもないと「惑星の軌道が楕円形であることを発見した者」という副文が意味をもたなくなるからにすぎない。われわれが何かを主張するとき、そこに用いられている単純な、あるいは複合的な固有名は意味をもっているという前提が常に存在することは自明のことである。だから、「ケプラーは悲惨な死を遂げた」と誰かが主張するならば、「ケプラー」という名前は何かを指示するということがその際に前提されているのである。だが、それにもかかわらず、「ケプラーは悲惨な死を遂げた」という文の意義には、「ケプラー」という名前が何かを指示しているという思想は含まれていないのである。もし含まれているならば、この文の否定は、

「ケプラーは悲惨な死を遂げなかった」

ではなく、

「ケプラーは悲惨な死を遂げなかったか、あるいは、「ケプラー」という名前は意味をもたない」

と書かなければならないであろう。それどころか、「ケプラー」という名前が何かを指示するということは、

「ケプラーは悲惨な死を遂げた」

という主張の前提であるのと全く同様に、これと反対の主張の前提でもある。ところで、自然言語は次のような欠陥をもっている。すなわち、その文法形式によれば、対象を指示することに定まっていると思われるが、しかし実際に対象を指示するかどうかは、ある文が真であるかどうかに依存するため個別的な場面では対象を指示できないような表現が自然言語には存在する、というのがそれである。こうして、

「惑星の軌道が楕円形であることを発見した者」

という副文が実際に対象を指示するか、それとも見かけ上そのように振舞うのみで、実際にはやはり意味をもたないのか否かは、

「惑星の軌道が楕円形であることを発見した者がいた」

という文が真であるかどうかに依存している。だからわれわれの副文は、その意義の部分として、惑星の軌道が楕円形であることを発見した者がいるという思想を含んでいるように見えるのかもしれない。もしそれが正しいのであれば、否定はこう書かねばならないであろう。

「惑星の軌道が楕円形であることを最初に認識した者は悲惨な死を遂げなかったか、あるいは惑星の軌道が楕円形であることを発見した者はいなかった」。

そういうわけで、これは言語の不完全さに由来することである。ちなみに、解析学の記号言語もこの不完全さから完全には免れていない。この言語においても、見かけの上では何かを意味するかの如くに振舞うが、少なくともこれまでのところでは意味をもたない記号結合、たとえば発散する無限数列、がある。われわれは、たとえば発散する無限数列は数0を意味するものとするという特別の規定によって、このような事態を回避することができる。論理的に完全な言語(概念記法)に関しては、次のことが望まれる。既に導入された記号から文法的に正しい方法で固有名として形成されたあらゆる表現は、実際にもまた対象を指示すること、および、いかなる記号も、それに対して意味が確保されなければ、固有名として新たに導入しないこと。論理学書には、論理的誤謬の一つの原因となるような表現の多義性に対し警戒するようにと書いてある。私は、意味をもたない見かけ上の固有名に対する警告を、少なくともこれと同様に適切なものとみなす。数学の歴史はこの見かけ上の固有名から生じた誤りについて多くを物語ってくれる。

多義的な語の場合と同様に、もしかすると、それ以上に、見かけ上の固有名に関して言語の煽動的な悪用がなされることは明白である。「人民の意志」という語は、この例に使うことができる。なぜなら、少なくともこの表現に対して、一般的に受けいれられている意味が存在しないということは、容易に確認できるからである。それゆえ、これらの誤りの源を、少なくとも科学のために、断固としてふさいでしまうことは決してささいなことではない。その場合は、今しがた論評したような反論は不可能になるであろう。なぜなら、一つの固有名が意味をもつかどうかは、このときには、ある思想が真であるか否かに決して依存することがないからである。

これらの名詞文と論理的に密接な関係にある類の形容詞文と副詞文を、それらの名詞文と結び付けて考察することができる。

名詞文とは違って、それだけでは十分でないのだが、形容詞文もまた複合的な固有名を形成するのに役立つ。これらの形容詞文は形容詞と同等のものとみなされるべきである。実際、「0より小さい、4の平方根」の代りに、「4の、負の平方根」と言い表わすことができる。ここに見られるのは、一つの複合的固有名が、概念を表わす表現から単数のいみでの定冠詞を用いて形成される場合であるが、いずれにしても、これは、一つの、そして一つの対象だけがその概念に属するときに許されることである。(9) 概念を表わす表現は今では次のように形成できる。すなわち、概念の徴表は、われわれの例においては「0より小さい」という文によって示されているように、形容詞文によって示すことができる。つい先ほどの名詞文と同様に、このような形容詞文が意義として思想をもつことも、また意味として真理値をもつこともないことは明白である。このような形容詞文は、意義として、思想の部分をもつにすぎず、そして、この意義は多くの場合、また一個の形容詞によっても表現できるものなのである。ここでも、あの名詞文の場合と同様に、独立した主語はなく、したがって、副文の意義を独立した主文において再現する可能性はなくなっているのである。

場所・時刻・期間は、論理的に考察するならば、対象である。だから、特定の場所、特定の時刻あるいは期間の言語的表記は固有名と解釈することができる。ところで、われわれは名詞文と形容詞文がそのような固有名を構成するのに用いられるのを見たばかりであるが、場所や時間を表わす副詞文もこれと同じような仕方で、そのような固有名を構成するために用いることができる。場所、等々を包摂する概念を表わす表現も、同じようにして構成することができる。ここでも次のことに注意すべきである。このような副文の意義を主文において再現することはできない。なぜなら本質的な構成要素、つまり関係代名詞や接続詞によってわずかに示唆されるにすぎない場所あるいは時間の規定が欠けているからである(10)。

いましがた名詞文、形容詞文ならびに副詞文について見たように、また条件文においても、たいていの場合、不確定示唆要素はそれと認知できるし、帰結文においてはまさしくそのような要素がこれに対応しているのである。二つの示唆要素が互いに照合し合うことによって二つの文が一つの全体を形成し、そしてこの全体が原則として一つの思想を表現するにすぎない。

「ある数が1より小さく0より大きいならば、その平方も1より小さく0より大きい」

という文においては、この示唆要素は条件文では「ある数」であり、帰結文では「その」である。まさしくこの不確定性によって、意義は、法則に対して期待されているあの一般性を獲得する。だがまた、ほかならぬこのことのために、次のことが生じる。条件文はそれ自身では意義として完全な思想はもたず、帰結文と一体となって、一つの思想を、しかもその部分はもはや思想ではないような唯一つの思想を表現するにすぎない。仮言判断においては二つの判断は相互関係に立っている、というのは一般に正しくない。もし誰かがこのように述べるか、あるいはこれと似たようなことを述べるならば、彼は「判断」という語を、私が「思想」という語に結びつけたのと同じいみで用いているのである。だから、私はその代りにこう述べるであろう。「仮言的思想においては二つの思想は相互関係にある」。これが正しいのは、不確定示唆要素が欠けている場合に限るのである。[11] だがその時には、また一般性も存在しないであろう。

条件文および帰結文において時刻を不特定な仕方で示唆しなければならない場合には、それはしばしば単に動詞の現在時称を用いることによって行われるが、しかしこの場合には現在時称は時間的現在を表わさない。ここでは、この文法形式が、主文および副文における不確定示唆要素なのである。その一例はこれである。「太陽が夏至線上にあるとき、北半球では昼が最も長い」。副文の意義は完全な思想ではないので、ここでもまた副文の意義を一つの主文において表現することは不可能である。なぜなら、もしわれわれが「太陽は夏至線上にある」と述べるなら、われわれはこの文をわれわれの現在時点に関係づけているのであり、そしてそのことにより、われわれは意義を変えることになるであろうから。同様に、主文の意義も思想ではない。主文と副文から成る全体だけがそのような意義を含むのである。ちなみに、条件文および帰結文における、より多くの共通の構成要素の示唆も不特定な仕方で行うことができる。

「およそ……する人は誰でも」「およそ……であるもの」をもつ名詞文および「どこ」「いつ」「……する所はどこでも」「……する時はいつでも」をもつ副詞文は、意義から考えるなら、しばしば条件文と解釈することができる。たとえば、「朱に交われば赤くなる[10]」。

形容詞文も条件文の代理をすることができる。それゆえ、前に挙げたわれわれの文の意義を、「1より小さく0より大きい数の平方は、1より小さく0より大きい」という形式によっても表現できるのである。

主文と副文とに共通な構成要素を固有名によって指示する場合には、事態は全く異なる。

「自陣の右翼が危険であると知ったナポレオンは、自ら近衛兵を率いて敵陣に向った」

という文においては、

1　ナポレオンは自陣の右翼が危険であることを知った。

2　ナポレオンは自ら近衛兵を率いて敵陣に向った。

という二つの思想が表現されている。いつ、どこでこれが起こったかは、確かに脈絡から認識できるにすぎないのであるが、しかし、脈絡によって確定していると見なすことができる。もしわれわれがわれわれの文全体を主張として発話するならば、われわれはそれによって同時に二つの部分文をも主張するのである。これらの部分文のうち一つが偽であるなら、それに伴って全体も偽である。ここに見られるのは、（時間と場所を指定することによって副文を補完したとき）この副文がそれ自体で完全な思想をその意義にもつケースである。したがって副文の意味は真理値である。かくしてわれわれは、この副文をそれと同じ真理値をもつ文によって置き換えても全体の真理はそこなわれることがないものと期待できる。これはまた事実である。ただし注意しなければならないのは、その文の主語は純粋に文法的な理由から「ナポレオン」でなければならないということである。なぜなら、そのときにのみ、この文は「ナポレオン」に係る形容詞文の形式に変形することができるからである。しかし、この文を形容詞文という形式で表現しようという要求を度外視し、また「そして」という語によって文を並置することを認めるならば、この制限は不要になる。

「……にもかかわらず」という語をもつ副文もまた完全な思想を表現する。この接続詞は本来、意義をもたず、また文の意義を変えることもなく、わずかに独特の仕方で意義に陰影を添えるにすぎない。(12) 確かに認容文をそれと同じ真理値をもつ他の認容文によって置き換えても全体の真理はそこなわれることはないが、しかし、その場合には、悲劇的な内容の歌曲を快活な旋律で歌おうとしたときと同じように、文の陰影がとかく不適当なものに見えるであろう。

最後の諸例においては、全体の真理は部分文の真理を含んでいた。もしも条件文が、単に示唆するにすぎない構成要素の代りに固有名を含んでいるか、あるいは固有名と同一視できるようなものを含んでいることによって、一つの完全な思想を表現するならば、事情は異なる。

「太陽がとうに昇っているならば、空はひどく曇っている」

という文においては、時間は、現在であり、それゆえ確定している。場所も確定しているものと考えることができる。この場合には次のように述べることができる。すなわち、条件文の真理値と帰結文の真理値の間に一つの関係が措定されている、つまり条件文が真を意味し帰結文が偽を意味するというような事態は生じない、と。これによれば、太陽が現在まだ昇っていないときには、空がいまひどく曇っていようがいまいが、われわれの文は真である。また太陽が既に昇っていて空がひどく曇っているときにも同様に、われわれの文は真である。ここでは、真理値だけが問題なので、部分文のおのおのを、それと同じ真理値をもつ他の文によって置き換えても全体の真理値は変らない。もちろんその場合にも、文の陰影はたいてい不適切なものになるだろう。つまり、思想はややもすれば下らないものに見えるであろう。しかし、これはその真理値とは何の関係もない。その際われわれが常に注意しなければならないのは、次のような付随的な思想がいくつか一緒に心に浮んでくることである。それらの付随的な思想は心に浮かびはするが、もともと表現されてはいないし、それゆえ文の意義に含めるには及ばない。かくして、それらの真理値は問題にならない。(13)

以上をもって、単純なケースの議論を終えることにしたい。われわれはここで、これまでにわれわれが認識した事柄に視線を投げ返してみよう！

副文はたいてい意義として思想をもつことはなく、そのような思想の部分をもつにすぎない。その結果、副文は意味として真理値をもたない。その根拠は次の二つのうちのいずれかである。副文においては語はその間接的な意味をもち、その結果、副文の意味――副文の意義ではない――は思想である。あるいは副文は、不特定な仕方で対象を示唆するにすぎない構成要素がその中に入っているために不完全であり、その結果、主文と一体になったとき初めて思想を表現する。他方、副文の意義が一個の完全な思想である場合もある。そして、この場合には、文法上の障害が存在しない限り、この副文を、それと同じ真理値をもつ他の文で置き換えても全体の真理はそこなわれない。

われわれが出会うすべての副文を引き続き吟味するならば、これまでの区分に正確には適合しそうにないような副文にわれわれは間もなく出会うであろう。その理由は、私の見る限りでは、これらの副文がそれほど単純な意義をもっていないということである。われわれが述べる主要思想に、われわれはほとんどいつも、次のような付随的な思想を結びつけるように思われる。この付随的な思想は、述べられていないにもかかわらず、聞き手が心理学の法則に従って実際にわれわれの語に結びつけるものである。そしてこれらの付随的な思想は、ほとんど主要思想そのものと同様におのずとわれわれの語に結びついているように思われるので、われわれもまたそのような付随的な思想を一緒に表現しようと思うのである。そのことにより文の意義はいっそう豊かになり、その結果、たぶん、文よりもいっそう単純な思想がわれわれに与えられるということがあるだろう。多くの場合、文はそのように理解されなければならない。他の場合には、付随的な思想が文の意義に属するかどうか、あるいはそれに付随するにすぎないのかどうか、疑わしいことがある。(14) だから、人はおそらくこう思うであろう。

「自陣の右翼が危険であることを知ったナポレオンは、自ら近衛兵を率いて敵陣に向った」

という文においては、上述した二つの思想が表現されているのみならず、危険を認識したことが、ナポレオンが近衛兵を率いて敵陣に向ったことの根拠であるという思想も表現されているのである。この思想がわずかに示唆されているにすぎないのか、あるいは本当に表現されているのかどうか、実際には疑わしいことがある。危険を認識する以前にナポレオンが既に決心していたとしたらわれわれの文は偽であるかどうか、という問題を提起してみよう。危険を認識する以前にナポレオンが決心していたのにもかかわらず、もしもわれわれの文が真であるとしたら、われわれの付随的な思想はわれわれの文の意義の部分であると解釈することはできないであろう。おそらく人はこれに賛成の決心をするであろう。しからざる場合には、事態は非常に複雑になろう。すなわち、そのときは、われわれは文よりいっそう多くの単純な思想をもつことになろう。ところで、

「ナポレオンは自陣の右翼が危険であることを知った」

という文を、たとえそれと同じ真理値をもつ他の文、たとえば、

「ナポレオンは既に四五歳を越えていた」

で置き換えたとしても、それによってわれわれの最初の思想のみならず、三番目の思想も変るであろう。そしてこれにより、また三番目の思想の真理値も変ることであろう。——つまりナポレオンの老齢が、近衛兵を敵陣に向わせようという彼の決断の根拠でないならば、三番目の思想の真理値は変ることであろう。同じ真理値をもつ文がこのような場合に必ずしも相互に代入できるとは限らない理由を、このことから見てとることができる。だから、文は、まさしく他の文と結びつくことにより、単独で表現するよりもいっそう多くのことがらを表現するのである。

さて、このようなことが規則正しく生じる事例を考察しよう。

「アルザス・ロレーヌを返せばフランスの復讐欲は静まるだろう、とベーベルは勝手に思い込む」
という文においては、次のような二つの思想が表現されているが、しかしそのうちの一方が主文に属し、他方が副文に属する、ということはない。二つの思想とは、すなわち、

1　アルザス・ロレーヌを返せばフランスの復讐欲は静まるだろう、とベーベルは信じる。

2　アルザス・ロレーヌを返してもフランスの復讐欲は静まらないだろう。

一番目の思想の表現においては、副文中の語は間接的な意味をもつが、これに反し、その同じ語が二番目の表現においては通常の意味をもっている。このことから、次のことが見てとれる。われわれの最初の複合文における副文は、もともと二重に、相異なる意味をもっているものと理解すべきであり、そのうちの一方は思想で、他方は真理値である。今や真理値は副文の意味のすべてではないので、副文を、それと同じ真理値をもつ他の文によって単純に置き換えることはできない。「……を知っている」「……を知る」「……は周知のことである」の如き表現の場合も事情は同じようなものである。

原因を表わす副文とそれに結びつく主文を用いることによって、われわれはより多くの思想を表現するのであるが、しかしこれらの思想はひとつひとつがもとの文に対応しているのではない。

「氷は水より比重が軽いので、水に浮く」
という文においては(二)、次の三つの思想が表現されている。

1　氷は水より比重が軽い。

2　水より比重が軽いなら、物は水に浮く。

3　氷は水に浮く。

三番目の思想は最初の二つの思想に含まれているので、場合によってはあからさまに呈示するには及ばない。他方、一番目の思想と三番目の思想を一緒にしても、また二番目の思想と三番目の思想を一緒にしても、われわれの文の意義にはならない。今では次のことが見てとれる。

「氷は水より比重が軽いので」

という副文においては、われわれの二番目の思想の部分と同じく、一番目の思想も表現されている。それゆえ、われわれの副文を、それと同じ真理値をもつ他の副文によって単純に置き換えることができないのである。なぜなら、そのような置き換えを行なえば、われわれの二番目の思想によって単純に置き換えることができないのである。そして、この変化により、その思想の真理値も容易に影響を受けるかもしれないからである。

次の文においても事情は同じようなものである。

「もしも鉄が水よりも比重が軽いとしたら、鉄は水に浮くことであろう」。

ここには二つの思想、鉄の比重は水より軽くないこと、および、水より比重が軽ければ物は水に浮くこと、が含まれている。副文は、またもや、一つの思想とそれに他の思想の部分とを表現している。

以前に考察した文(原注(10))、

「シュレスヴィヒ・ホルシュタインがデンマークから分離された後に、プロシアとオーストリアは仲違いした」

という文を、かつてシュレスヴィヒ・ホルシュタインがデンマークから分離されたことがあるという思想がこの文には表現されている、というふうに解釈するならば、われわれには第一にこの思想が与えられているのである。第二に副文によってより詳しく規定されている時期にプロシアとオーストリアが仲違いをした、という思想が与えられているのである。こういうのは、副文は一つの思想のみならず、他の思想の部分をも表現しているのである。

うわけで、われわれは副文を、それと同じ真理値をもつ他の文によって置き換えることは一般には許されないのである。

言語において与えられるすべての可能性を論じ尽くすことは困難である。それにもかかわらず、複合文全体の真理をそこなうことなく、なぜ一つの副文をそれと同じ真理値をもつ他の副文によって常に置き換えることができるとは限らないのか、その理由を、私は本質的な点では見出したと思う。それらは次の通りである。

1　副文は、思想の部分を表現するにすぎないので、真理値を意味しないということ。

2　副文は確かに真理値を意味するが、しかしその意義は、一つの思想のほかになお他の思想の部分をも含むので、副文の意味は真理値に限らないということ。

第一の事例が生じるのは

（a）　語が間接的意味をもつとき、

（b）　文の部分が固有名ではなく、単なる不確定示唆要素にすぎないとき、

である。

二番目の場合には、副文は二重に解釈することができる。すなわち、まず通常の意味をもつものと解釈し、ついで間接的意味をもつものと解釈できる。あるいはこうである。副文の部分の意義が同時に他の思想の構成要素になり、そしてこの思想が、副文において直接的に表現されている思想と一体になって、主文および副文の全体の意義を形成するのである。

このことからかなりの蓋然性をもって、次のことが推論される。すなわち、ある副文がそれと同じ真理値をもつ他の文によって置き換えることができないような場合があっても、それらはわれわれの見解――真理値が文の意味であ

り、文の意義は思想である——に対して何の反証にもならない。

さて、われわれの出発点に立ち返ろう。

「$a=a$」と「$a=b$」の認識価値を一般に異なるものと見るならば、それは次のことから明らかになる。すなわち、認識価値にとっては、文の意義、すなわち文において表現されている思想が、文の意味、すなわち真理値、に劣らず考慮される。いま$a=b$であるならば、確かに「b」の意味は「a」の意味と同じであり、したがってまた「$a=b$」の真理値は「$a=a$」の真理値と同じである。それにもかかわらず、「b」の意義は「a」の意義とは異なることがあるし、したがってまた「$a=b$」において表現されている思想は「$a=a$」において[三]表現されている思想とは異なることがある。そしてそのときには、また二つの文も同じ認識価値をもたない。もし「判断」を、上述の如く、思想からその真理値への移行と解釈するならば、われわれはまた、総じて判断は異なるものである、と述べるであろう。

（1）　私はこの語を同一性のいみに用いる。したがって、「$a=b$」を「aはbと同じものである」のいみに、あるいは「aとbは一致する」のいみに解釈する。

（2）　もちろん「アリストテレス」のような本来の固有名においては、その意義に関して意見が分れることがある。例えば、プラトンの弟子にしてアレクサンダー大王の師、ということをその意義に取ることができる。このように取る者と、この語の意義として、スタゲイラ生まれのアレクサンダー大王の師ということを受け入れる者とでは、「アリストテレスはスタゲイラで生まれた」という文に結びつける意義は異なるであろう。意味さえいつまでも同じであるかぎり、このような意義の揺れは我慢できる。もっとも、証明科学の体系においてはそれは避けるべきであり、完全な言語においては起こってはならないことではあるが。

（3）　表象を等しく直観にひとまとめにすることができる。この場合には、直観が心内に残した痕跡は感官印象と行為そのものに取って代られる。感覚や行為に関する記憶はおそらく感覚や行為そのものと並んで常に直観像を完成するのに役立つのであるから、感覚や行為、とそれらに関する記憶、という区別はなおさらわれわれの目的にとっては取るに足りない。対象が感覚的に知覚可能であるか、あるいは空間的な存在である限り、われわれは直観を対象のいみにも解釈することができるのである。

(4) それゆえ、このように根本的に異なったものを「表象」という語で呼ぶことは適当でない。

(5) 私が思想というのは、考えるという主観的な行為ではなく、多くの人々の共通の財産になり得るその客観的な内容のことである。

(6) 意義しか与えられない記号に対し特別な言い回しがあれば、それは望ましいことであろう。そのような記号を、たとえば、像と名付けるならば、舞台上の俳優の台詞は像であろうし、それどころか俳優自身が一つの像であろう。

(7) 判断とは、私にとっては、単に思想を把握することではなく、その思想の真であることの承認である。

(8) 「自分はBを見たことがあると、Aは嘘をついた」という文において、副文は一つの思想を意味するが、これについては二つのことが語られる。第一に、Aはその思想を真であると主張した。第二に、Aはそれが偽であることを確信していた。

(9) 上に述べたところによれば、このような表現には、本来、特別の規約により常に意味が確保されねばならない。たとえば、その概念に対象が一つも属さないか、あるいは一つ以上の対象が属するときには、数0をその表現の意味とみなすという規定によって。

(10) ちなみに、これらの文においては、さまざまな解釈が容易に可能である。「シュレスヴィヒ・ホルシュタインがデンマークから分離された後に、プロイセンとオーストリアは仲違いした」という文の意義は、「シュレスヴィヒ・ホルシュタインのデンマークからの分離後、プロイセンとオーストリアは仲違いした」という形式においてもまた再現することができる。このような解釈においては、おそらく次のことは十分に明らかであろう。すなわち、シュレスヴィヒ・ホルシュタインがデンマークから分離されたという思想は、この文全体の意義の部分と解釈すべきではなく、「シュレスヴィヒ・ホルシュタインのデンマークからの分離後」という表現がいやしくも意味をもつために必要な前提である。もちろん、われわれの文はまた次のようにも解釈できる。すなわち、この文は、シュレスヴィヒ・ホルシュタインがかつてデンマークから分離されたことがある、と述べているのである。このような解釈の下では、後に考慮を要するであろうような事例が生じる。この相違をいっそう明確に認識するために、われわれ自身、次のような中国人の身になってみよう。この中国人はヨーロッパの歴史についての知識が乏しいため、シュレスヴィヒ・ホルシュタインがかつてデンマークから分離されたことがあるというのは誤りであると考えるのである。彼は、われわれの文を第一の形式で解釈するときには、この文を真であるとも偽であるとも看做さないで、その副文が意味を欠いていることを理由に、われわれの文に対しいかなる意味をも否認することであろう。副文は見かけの上で時間規定を与えるにすぎないのである。他方、この中国人がわれわれの文を第二の形式に解釈するならば、この文には、彼にとっては意味をもたないような部分のほかに、彼が偽であると看做す思想が表現されていることを彼は見いだすであろう。

(11)　明確な言語上の示唆は、時おり欠けることがあるので、文脈全体から推定しなければならない。

(12)　「しかし」、「それにもかかわらず」の場合も同様である。

(13)　われわれの文の思想は、次のようにも表現できるであろう。「太陽は現在まだ昇っていないか、あるいは空はひどく曇っている」。そして、このことから、この種の重文をどのように解釈すべきかが見てとれるのである。

(14)　主張が嘘であるかどうか、宣誓が偽証であるかどうかという問題にとっては、これは重要なことかもしれない。

三　概念と対象について

ベノ・ケリー(一)は、直観とその心的考察に関する本季刊誌上の一連の論文において(二)、しばしば拙著『算術の基礎』およびその他の拙稿に言及し、その際、一部は私に同意し、一部は私に異論を唱えている。これは私にとっては、喜ばしいかぎりである。そして私は、謝意を表明する最善の方法は、彼が異論を唱えている諸点を検討することであると信じる。このような検討は、次の二つの理由から、私にはなおいっそう必要に思われる。第一に、彼の異論が、いずれにせよその一部は、概念についての私の意見に対する誤解に基づくものであり、それは他の人々にも見られることである。第二に、このような特殊な機会は別にしても、概念に関する問題は、『基礎』を書いた当時の私にとって適切と思われたよりも、なおいっそう詳しく論じるに足るほど重要でありかつ困難な問題である、ということである。

「概念」という語は、いろいろないみに用いられる。すなわち、一部は心理学的ないみに、一部は論理的ないみに、そして一部はおそらく両者を混合したあいまいないみに用いられる。いずれにせよこのような自由は存在するのであるから、いったん採用された用法は固く保持されねばならないという要求によってその自由を制限することは自然なことである。私は今では、断固として純粋に論理的な用法で押し通すことに決めている。どちらの用法がよりいっそう適切であるか否かという問題は、それほど重要ではないものとみなして、私は無視することにしたい。特別の専門用語に値する何かがあることをひとたび承認するならば、表現法については人は容易に了解し合えるであろう。

さてケリーの誤解は、「概念」という語の彼自身の用法を私の用法と彼が心ならずも混同したことから生じたものない。

である、と私には思われる。確かにこのことから容易に矛盾が生じるのであるが、しかしそれは私の用法のせいではない。

ケリーは、彼が〝概念〟に関する私の定義と呼ぶものに対して、異論を唱える。そこで私はまず第一に、私の説明は本来の定義を意図したものではないことを注意しておきたい。化学者に対してすべての物質を分解するよう要求できないのと同様に、人はすべてのことを定義するよう要求することはできない。単純なものは分解できないのであり、また、論理的に単純なものは本来定義できない。論理的に単純なものは、たいていの化学的要素と同じように最初から与えられているのではなく、学問研究によって初めて獲得されるものなのである。ところで、単純なもの、あるいは少なくとも当分の間単純であるとみなされねばならないものが発見された場合には、われわれはそれに対する名称を新たに造り出さねばならないであろう。なぜなら、言語はそのものに正確に対応する表現を最初は持ってはいないであろうから。論理的に単純なものに対する名前の導入に関しては、定義は可能ではない。論理的に単純なものについては、その語によって意図されている事柄を読み手または聞き手が理解できるように、ヒントによって手引きする以外の道は残されていないのである。

ケリーは、概念と対象の区別を絶対的なものとは認めたくない。彼は言う。「概念内容と概念対象の間の関係はある点では独特で他の何ものにも還元できない関係である、という見解をわれわれ自身、以前に表明したことがある。しかしこの見解は、概念であるという性質と対象であるという性質は相互に排除し合う、という見解には決して結びつかない。後者の見解は前者の見解からは出てこないが、それはたとえば、父と息子の関係はこれ以上何ものにも還元できない関係であるということから、人は同時に父かつ息子ではありえないということ(もちろん、彼がその人の息子であるような、当のその人の父ということはありえない)が出てこないのと同様である」。

われわれはこの比喩を引き継ぐことにしよう！　仮に父ではあるが息子ではあり得ないような存在があるなら，あるいは過去においてあったとするなら，そのような存在は，明らかに，すべての男——これらはみな息子である——とは全く異質のものであろう。今ここで起こっているのは，それと似たようなことなのである。概念は——私がこの語を理解するところによれば——述語的である。[1]これに対し，対象の名前，すなわち固有名は，断じて文法上の述語として使用することはできない。もちろん，何の説明も行なわれなければ，このような考え方はまちがっていると思われよう。何かあるものについて，それは緑色であるとか，あるいは，それは哺乳動物であるとか述べることができるのと同じように，何かあるものについて，それはアレクサンダー大王であるとか，数4であるとか，金星という惑星であるとか述べることはできないのであろうか。それはできないと考える者がいるならば，彼は「……である ist」という語の複数の用法を区別していないのである。最初の二つの例においては，この語は，繫辞として，つまり陳述のための単なる形式語として用いられている。そのような場合には，ドイツ語においてはこの語は時折，単なる人称語尾に取って代られることがある。たとえば，「dieses Blatt ist grün（この花は緑色である）」と「dieses Blatt grünt（この花は緑色をしている）」を比較されたい。ここではわれわれは，何かあるものが一つの概念に属する，と述べているのであり，そして文法上の述語が，その際，この概念を意味するのである。それに対し，後の三つの例においては，その「……である」は，相等性を表現するために，算術における等号のように用いられている。[2]「明けの明星は金星である」という文には，「明けの明星」と「金星」という同じ対象を表わす二つの固有名がある。「明けの明星は惑星である」という文には，一つの固有名「明けの明星」と一つの概念語「惑星」がある。言葉の上では，確かに「金星」が「惑星」によって置き換えられたこと以外に何事も起きていない。しかし，事柄としては，関係は全く別なものになっているのである。相等性は可逆的である。ある対象が一つの概念に属するということは，非可逆的な関係である。「明けの明星は金星である」という文中の「……である」は、明らかに単なる繋辞ではなく、内容的に述語の本質的な部分でもある。だから、「金星」という語の中に述語の全体が含まれているのではない(3)。われわれはその代りにこう述べることができよう。「明けの明星は金星にほかならないのである」。そして、さきほどは「……である」という簡単な三字で述べられていたことが、ここでは十一字で述べられているのであり、また、「にほかならないのである」の中の「……である」は、今ではもう実際に繫辞にすぎない。だから、ここで陳述されているのは、金星ではなく、金星にほかならないである。「金星にほかならない」という、この語は、一つの概念を意味するが、もちろん、その概念には唯一個の対象が属するにすぎない。しかし、そのような概念はやはり常に対象とは区別されねばならない(4)。ここにある「金星」という語は、述語の部分ではあり得るけれども、決して本来、述語とはなり得ない。だから、この語の意味は(5)、決して概念ではあり得ず、対象にすぎないのである。この種のものが存在することに対しては、おそらくケリーも異論をさしはさもうとは思わないであろう。だが、もしそうであるならば、同時にそのことにより、対象でしかあり得ないものとそれ以外のすべてのものとの区別——それを承認することはきわめて重要である——を容認することになるのである。そしてこの区別は、対象でもあり得るような概念が存在するということが——ケリーが考えているように——真であるとしても、解消されることはないであろう。ところで、ケリーの見解を支持するように思われる事例は、実際に存在する。私自身(『算術の基礎』§53の末尾で)示唆しておいたのであるが、ある概念がより〝高次の概念に属する〟ということはあり得ることである。しかしながら、これは、一つの概念がもう一つの〝概念に従属する〟ということと混同してはならない。ケリーは、これは参照しないで、かえって次のような例を挙げる。「概念「馬」は容易に獲得しうる概念である der Begriff ‚Pferd' ist ein leicht gewinnbarer Begriff」。さらにこう述べる。「概念「馬」は対象であり、その上、概念「容易に獲得しうる概念」に属する対象の一つである」と。全くその通りである！「概念「馬」」という三字は一つの対象を指示する。だが、まさしくそのゆえに、この語は、私の用法によれば、概念を指示しない。これは、私が定めた識別基準[6]に完全に一致する。それによれば、単数の定冠詞は常に対象を示唆し、他方、不定冠詞は概念語を伴う。ところでケリーは、いかなる論理的規定も言語的区別に基礎を求めることはできないと考える。しかし、そのような規定を設ける者は、誰ひとりとして、私が現に行っているような方法を、絶対に回避することはできない。なぜなら、言語なしにはわれわれは相互に了解し合うことはできないし、したがって最後には、他人も、本質的にはわれわれ自身と同じように、語、語形および文の構造を理解するものなのである、ということにやはり常に頼らざるを得ないからである。既に述べたように、私は定義しようとしたのではなく、ただヒントを与えようとしたにすぎない。その際、私はドイツ語の一般的な語感を引き合いに出した。言語上の区別が実在上の区別に非常によく一致していることが、ここでは私にとっては特に幸いしている。不定冠詞に関しては、「顧問官 ein edler Rat」の如き古風な慣用語を別にすれば、論評に価するような例外は、おそらくわれわれの規則には全くない。定冠詞に関しては、特に複数の定冠詞の場合には、事情は必ずしもそう簡単ではない。だが、私の識別基準はこのような場合には関係がない。単数の定冠詞の場合には、「トルコ人がウィーンを包囲した der Türke belagerte Wien」「馬は四つ足の動物である das Pferd ist ein vierbeiniges Tier」という文に見られるように、私の理解するところでは、複数の定冠詞の代りをする場合に限って、疑わしい事態が生じて来る。このような事例は特別な場合であるときわめて容易に認識できるので、そのような事態が生じても、われわれの規則はその価値をほとんど失わない。第一の文において「トルコ人」が民族の固有名であることは明らかである。第二の文は、次のような全称判断を表現したものと解釈するのがおそらく最も適切であろう。「すべての馬は四つ足の動物である」あるいは「正しい骨格を有する馬はすべて四つ足の動物である」。なおこれらについては後に話題にするであろう[7]。

ところでケリーは、私の識別基準は適切でないと言う。なぜなら、彼の主張するところによれば、「私が今まさにそれについて語っているところの概念は一つの個別概念である」という文においては、最初の二十三字から成る名前が一つの概念を意味するのであるから。だがこのとき彼は「概念」という語を私のいみに理解してはいないし、また私の規定には矛盾はない。それに、私の表現法がケリーのそれと一致しなければならないなどとは誰も要求することはできないのである。

概念馬[三]は概念ではないが[(8)]、他方、たとえば、都市ベルリンは都市であり、火山ヴェスヴィオは火山である、というとき、実際、どうしても避けることのできない言語の生硬さがここに存在することは否定できない。言語はここでは窮地に陥っているので、通例からはずれるのも当然のことである。われわれの事例が特殊な場合であることを、ケリー自身が、「馬 „Pferd“」という語を引用符で囲うことによって示唆している。――私は、同じ目的のために、隔《ゲシ》字体《ユペルト》を用いる[四]。「ベルリン」および「ヴェスヴィオ」という語を同じような仕方で際立たせることには、何の理由もなかった。論理学研究においては、しばしば概念について何かを陳述することが必要になる。しかも、またこれを、そのような陳述にとっての普通の形式で表現すること、つまり概念についての陳述が文法上の述語の内容であることが必要になる。その結果、文法上の主語の意味はたぶん概念と思われるであろう。しかしながら概念は、その述語的本性に鑑みて、直ちに主語の意味となることはあり得ず、まず第一に対象に変換されなければならない。あるいはより正確に言えば[(9)]、対象が概念の代理を務めなければならない。そしてそのような対象を、われわれは、「概念 der Begriff」という語を前に綴ることによって指示するのである。たとえば、

「概念人間は空でない der Begriff *Mensch* ist nicht leer」[(10)]

というように。この場合、最初の四字は固有名と解釈すべきであり、たとえば「ベルリン」あるいは「ヴェスヴィ

オ」と同様、述語として用いることはできない。われわれが、「イエスは概念人間に属する Jesus fällt unter den Begriff *Mensch*」というとき、（繋辞を除くと）述語は、

「概念人間に属する fallend unter den Begriff *Mensch*」

であり、そして、これは

「人間 ein Mensch」

と同じことを意味する。だが、

「概念人間」

という語結合は、この述語の部分にすぎない。

概念の述語的本性に反対して、われわれはやはり主語概念のことを話題にする、と主張する者もいよう。しかし、この場合にも、たとえば、

「すべての哺乳動物は赤い血を持っている alle Säugetiere haben rotes Blut」

という文の場合と同様に、概念の述語的本性[11]は否定できない。なぜなら、その代りに、

「およそ哺乳動物であるものは赤い血を持っている was Säugetier ist, hat rotes Blut」

とか、あるいは

「何かが哺乳動物であるならば、それは赤い血を持っている wenn etwas ein Säugetier ist, so hat es rotes Blut」

と述べることができるからである。

私は、『算術の基礎』を書いた時には、まだ意義と意味との間に区別を立てていなかった。[12] したがって、今なら「思想」と「真理値」という語で区別して書き表わすものを、なお「判断可能な内容」という表現で一括していたの

である。それゆえ私は、その書の七七ページで与えた説明には、その言い回しに関してはもはや同意しない。もっとも、本質的には私の意見はまだ同じではあるが。「主語」および「述語」を言語的ないみに理解して、われわれは簡単にこう述べることができる。概念は述語の意味である。対象は決して述語の意味の全体ではないが、しかし主語の意味となり得る何かである、と。その際に注意すべきことは、「すべて」「あらゆる」「ひとつも……ない」(kein)「いくつか」という語が概念語の前に来るということである。全称肯定文・全称否定文・特称肯定文それに特称否定文において、われわれは概念の間の関係を述べる。そして、これらの語を用いることによって、われわれはそれらの関係の特殊性を示唆する。それゆえこれらの語は、論理的には、それに続く概念語により緊密に結びつけるべきではなく、文全体に関係づけるべきものである。このことは否定の場合に容易に見てとれる。仮に

「すべての哺乳動物は陸棲動物である alle Säugetiere sind Landbewohner」

という文において、「すべての哺乳動物」という語結合が述語陸棲動物であるに対する論理的主語表現であるとするならば、全体を否定するためには、述語を否定して、「陸棲動物ではない sind nicht Landbewohner」と書き表わさなければならないであろう。しかし、事実はそうではなく、ドイツ語の文では、この「nicht (…でない)」は「alle (すべて)」の前に置くべきものであり、その結果、「すべて」は論理的には述語に属することになる。[五] これに対し「概念哺乳動物は概念陸棲動物に従属する」という文を否定するときには、「概念陸棲動物に従属しない」の如く、述語を否定するのである。

「概念F der Begriff F」というような表現は、私の話し方では、概念を指示するのではなくて対象を指示するのである、ということを心に留めておくなら、ケリーの反論はもう大部分は崩壊する。私は概念と概念の外延を同一視している、と彼が考えるなら(二八一ページ)[六]、彼は誤っている。私は次のような自分の見解を述べたにすぎない。「概

念Fに属する数は概念Fと同数であるという概念の外延である」という表現において[七]、われわれは「概念の外延 Umfang des Begriffs」という語を「概念 Begriff」によって置き換えることができる。[八] その際十分に注意してほしいのは、この語がここでは定冠詞と結びついていることである。ちなみに、これは付随的な注意にすぎないのであって、私はそれによって何ひとつ基礎づけたわけではない。

　こうしてケリーは、概念と対象との間隙を埋めるのに成功しないが、その一方で、私の言説をこのいみに利用しようと思う者もいるかもしれない。私は、数の言明は概念に関する陳述を含むと述べたことがある。[13] 私は、概念に関して述べられる性質について語るし、また一つの概念がより高次の概念に属することを認める。[14] 私は、存在を概念の性質と呼んだことがある。このことで私が何を理解しているかは、具体例によって明らかにするのが最善であろう。「4の平方根が少なくとも一つは存在する」という文においては、われわれは、たとえば、特定の数2についても、また−2についても何かを述べているのではなく、一つの概念について、つまり4の平方根 *Quadratwurzel aus* 4 について、それが空でないと述べているのである。しかし、同じ思想を仮に「概念4の平方根は実現されている der Begriff *Quadratwurzel aus* 4 ist erfüllt」の如く表現するなら、最初の七字(ドイツ語の五語)は対象の固有名であり、そしてこの対象について何かが述べられているのである。しかし、この陳述は概念について行われた陳述と同じではない、ということに十分に注意してほしい。このことは、次の事柄を見誤る者にとって不可思議であるにすぎない。それは、思想はさまざまな仕方で分析することができるし、そしてそれらの分析により、あるときは一つの表現が、またあるときは別の表現が主語や述語となるということである。何を主語と解釈すべきかは、思想だけではなお確定できない。われわれが「この判断の主語」と言うとき、そのことで何か明確なことを指示するのは、同時に一定の分析様式を示唆しているときに限る。われわれはたいていそれを一定の言い回しとの関連で行なう。しかしながら、相異なる文が同じ思想を表現できるということを、われわれは決して忘れてはならない。だから、われわれの例文の思想を、また、つぎのような、数4に関する陳述と取ることもできるのである。すなわち、

「数4は、その平方が4であるようなものが存在する、という性質を有する」。

言語には、あるときは思想のこの部分を主語にし、またあるときは思想のその部分を主語にするという手段がある。最もよく知られている手段の一つは、能動態と受動態の区別である。それゆえ、同じ思想がある分析では単称判断になり、他の分析では特称判断に、さらに第三の分析では全称判断とみられるということはあり得ないことではない。したがって、同じ文が概念に関する陳述とも、また対象に関する陳述とも解釈できるということは驚くにあたらないのである。ただ、これらの陳述は相異なるものであることに注意しなければならない。「4の平方根が少なくとも一つは存在する es gibt mindestens eine Quadratwurzel aus 4」という文において、「4の平方根」という語を「概念4の平方根」によって置き換えることはできない。つまり、概念に適合する陳述は、対象には適合しないのである。右のドイツ語の文では、概念は主語の位置にはないが、それにもかかわらず、なお概念について何かが陳述されている。われわれの解釈によれば、そこで述べられていることは、ある概念が一つのより高次の概念(15)に属するということである。しかし、このことによって対象と概念との区別は決して消し去られることはない。「4の平方根が少なくとも一つは存在する」という文において、概念はその述語的本性を放棄していないことにわれわれはまず注意しよう。われわれは、「自分自身に掛けると4になるという性質をもつものが存在する」と述べることもできる。したがって、ここで概念について陳述されていることは、決して対象について陳述することはできない。なぜなら固有名は、述語表現の部分にはなり得ても、決して述語表現そのものではあり得ないからである。私は、ここで概念について陳述されていることを対象について陳述することは偽である、と言おうというのではない。私が言いたいのは、それは不可能

であり、意義をもたないということである。「ジュリアス・シーザーが存在する es gibt Julius Cäsar」という文は、真でも偽でもなく、意義をもたないのである。もっとも、「ジュリアス・シーザーという名前の人間が存在する es gibt einen Mann mit Namen Julius Cäsar」という文には意義はあるけれども。だがまたここにあるのは、不定冠詞が示しているように、またもや概念である。「ウィーンは一つしか存在しない」という文についても同じである。言語は時おり同じ語をあるいは固有名として、またあるいは概念語として用いるので、われわれはそれに欺かれないようにしなければならない。右の例文中の数詞は、後者の場合であることを示唆している。「ウィーン」は、ここでは、「帝都」と同じように概念語である。このいみにおいて人は、「トリエステはウィーンではない」と言うことができるのである。他方、「概念4の平方根は実現されている」という文において、最初の七字で構成されている固有名を「ジュリアス・シーザー」によって置き換えると、意義をもつ文は得られるが、しかしその文は偽である。なぜなら、実現されているということは、その語がここで理解されているところによれば、実際、全く特殊な種類の対象に関してのみ、つまり「概念F」という形式の固有名によって指示され得る対象に関してのみ陳述できることだからである。だが、「概念4の平方根」という語は、その代入可能性に関しては、われわれの最初の文中の「4の平方根」という語とは本質的に異なった振舞いをする。すなわち、これら二つの語結合の意味は、本質的に異なっているのである。

ここで一つの例で示したことは一般に妥当する。すなわち、概念は、それについて何かが陳述される場合でも、本質的に述語的な振舞いをする。したがって概念は、そこでは再び概念によってのみ置き換え得るのであって、決して対象によって置き換えることはできない。こうして、概念について行われる陳述は、対象には全く適合しない。概念がそれに属する第二階の概念は、対象がそれに属する第一階の概念とは本質的に異なる。ある対象が第一階の概念に属するという関係は、これとよく似た、第一階の概念が第二階の概念に属するという関係とは異なる。その相違を類似性と同時に正しく判断するためには、あるいはこう言うことができるかもしれない。対象は第一階の概念に(unter)属し、概念は第二階の概念の内に(*in*)属する、と。こうして、概念と対象の区別は全く厳格に保持されるのである。

私が『算術の基礎』の§53において、「性質」と「徴表」という語の私の使用法に関して述べたことが、このことと関連する。ケリーが詳しく論じているので、私は、もう一度この点に立ち返ってみる気になったのである。これらの語は、「ΦはΓの性質である」および「ΦはΩの徴表である」の如き文における関係を示すのに役立つ。私の話し方によれば、あるものは同時に性質でありかつ徴表であり得るが、しかし、同じものの性質かつ徴表ということはあり得ない。対象がそれに属する概念を、私は、対象の性質と呼ぶ。だから、

「Φであることは Γの性質である」

は、

「ΓはΦという概念に属する」

に対する別の言い回しにすぎない。対象Γが性質Φ、XおよびΨを有するとき、これらをΩと一括することができる。したがって、Γは性質Ωをもつと言おうが、あるいは、Γは性質ΦとXとΨをもつと言おうが、それは同じことである。そこで私は、Φ、XおよびΨを概念Ωの徴表と呼び、また同時にΓの性質と呼ぶ。明らかに、ΦのΓに対する関係はΦのΩに対する関係とは全く異なった関係であり、それゆえ、別の名称が必要である。Γは概念Φに属する。しかしΩ――これはそれ自身一つの概念である――は、第一階の概念に属することはあり得ず、第二階の概念に対して、これと似た関係に立ち得るにすぎない。他方、ΩはΦに従属している。

この点について、一つの実例を考察しよう！

「2は正の数である」かつ
「2は整数である」かつ
「2は10より小さい」

と言う代りに、われわれは、

「2は10より小さい正の整数である」

と言うこともできる。

正の数であること
整数であること
10より小さいこと

は、ここでは対象2の性質を表わしているが、同時に、概念

10より小さい正の整数

の徴表でもある。この概念は、正の数でも整数でもなく、また10より小さくもない。それは確かに概念整数に従属してはいるが、しかしこの概念に属することはない。

さて、これと、ケリーが彼の二番目の論文の二二四ページ(九)で述べている次のことを比較してみよう。「数4とは3と1を加法によって結合した結果のことである(Man versteht unter der Zahl 4 das Resultat der additiven Verknüpfung von 3 und 1.)。ここで述べられている概念の概念対象(Begriffsgegenstand)は数個体4であり、自然数列中の全く特定の数である。明らかに、この対象はその概念によって呼ばれている徴表をまさしくそれ自体に帯びているし、また、ほかの何ものをも帯びていない——ただし、この対象が他のすべての数個体に対して有する無限に多くの

関係を、この対象の特性に数えることは、確かに差し控えねばならないし、また差し控えることにしての話ではあるが。「この」(‚die')4は、同様に、3と1を加法によって結合した結果である」。

直ちに気のつくことであるが、私が行なった性質と徴表の区別がここでは完全に消え失せている。ケリーはここで数4と「この」数4とを区別する。実を言うと、この区別は私には理解できない。数4は概念のはずである。「この」数4は概念対象であり、かつ数個体4以外の何ものでもないはずである。ここで問題になっているのが、概念と対象に関する私の区別でないことは何ら証明を要しまい。この時点でケリーの心に——全くおぼろげではあるが——浮かんでいるものは、あたかも、「この数4」という語の意義と意味との間に私が立てた区別[16]のようなものであるらしい。しかしわれわれは、語の意味に関してのみ、それは3と1を加法によって結合した結果である、と述べることができるのである。

「数4は3と1を加法によって結合したその結果である die Zahl 4 ist das Resultat der additiven Verknüpfung von 3 und 1」という文と、「「この」数4は3と1を加法によって結合したその結果である ‚die' Zahl 4 ist das Resultat der additiven Verknüpfung von 3 und 1」という文におけるこの「である」は一体どのように理解すべきであろうか。それは単なる繋辞であるのか、それとも論理的な相等性を表現するのに役立っているのか。前者の場合なら、「結果 Resultat」の前にある「その das」は省かれねばならないだろうし、そして、これらの文は、たとえば、次のようになるであろう。

「数4は3と1を加法によって結合した結果である」

および、

「「この」数4は3と1を加法によって結合した結果である」。

この場合には、ケリーが、

「数4」および「「この」数4」

によって指示している対象が共に、概念

3と1を加法によって結合した結果

に属するということになろう。すると、このときわずかに問題になるのは、これらの対象はどの点で区別されるのか、ということだけであろう。私は「対象」および「概念」という語を、ここでは、私がよく知っている仕方で用いているのである。ケリーが言わんとしていると思われることを、私は次のように表現したい。

「数4は、概念

3と1を加法によって結合した結果

の徴表であるもの、そして徴表であるもののみを性質としてもつ」。

そこで、われわれの二つの文のうち最初の文の意義を、私は次のように表現したい。

「数4であること eine Zahl 4 zu sein は、3と1を加法によって結合した結果であること、と同じことである」。

すると、私が今しがたケリーの見解であろうと推測したことは、また次のように述べることもできよう。

「数4は、概念

数4

の徴表であるもの、そして徴表であるもののみを性質としてもつ」。

これが正しいかどうかは、ここでは決定しなくてよい。このとき、「「この」数4 ,die‘ Zahl 4」という語の中の定冠詞を囲んでいる引用符をこの場合には取り除くことができる。

しかし、この解釈を試みるにあたって、われわれは、「結果 Resultat」と「数 4 Zahl 4」の前にある定冠詞は、少なくとも二つの文の中の一つにおいては、うっかり書かれたものにすぎないと仮定してきた。もしそれらの語をあるがままに受け取るならば、われわれはそれらの語の意義を論理的相等性以外には解釈できない。たとえば、

「数 4 は 3 と 1 を加法的に結合したその結果以外の何ものでもない die Zahl 4 ist nichts anders als das Resultat der additiven Verknüpfung von 3 und 1」

というように。「結果 Resultat」という語の前に定冠詞を用いることが、ここで論理的に正当化されるのは、(1) そのような結果が一つ存在すること、(2) そのような結果は一つ以上は存在しないこと、の二点が承認されるときに限る。そのような場合には、このような語結合は対象を指示し、したがって固有名と解釈することができる。もしもわれわれの二つの文を論理的相等性と理解すべきであるならば、上辺は等しいのであるから、数 4 は「この」数 4 であるということが、あるいは、こちらのほうが好ましいなら、数 4 は「この」数 4 以外の何ものでもないということが、それらの文から帰結し、その結果、ケリーが行なった区分が崩壊することが立証されることになろう。しかしながら、彼の叙述にある矛盾を指摘することは、ここでは、私の課題ではない。彼が「対象」および「概念」という語で何を理解しているかは、ここでは、もともと私には何の関わりもない。私は、これらの語の私自身の用法によりいっそう光を当てたいだけである。そして、それが整合的であるか否かはともかく、私自身の用法がいずれにしても彼のものとは異なることを、私はその際に示したいというにすぎないのである。

私は、ケリーが「対象」および「概念」という語を彼の流儀で用いる権利があることに断じて異論をさしはさまない。だが、私は同じ権利を私のために守りたいし、また私の言い回しによって、私は最も重要な区別を把握したと主張したい。読者に理解してもらうのに、ある特殊な障害が妨げになっていることは確かである。すなわち、完全に文

字通りに受け取ると、ある種の言語上の必然性から、私の表現は時おり私の思想を捉えそこなうことがある。なぜなら、概念を意図しているところで、対象が名指されることがあるからである。十分に承知しているところであるが、私は、このような場合、一粒の塩を惜しまない読者が好意的に歩み寄ってくれることを頼りにしているのである。

もしかすると、次のように考える者がいるかもしれない。この困難は人為的に作られたものである。私が概念と名付けた、それほど取り扱いにくいものは全く考慮するには及ばない。さらに、対象が概念に属するという関係を、ケリーにならって、ある時には対象として振る舞うことのできるものが、別の時には概念として振る舞うような関係と見なすことができる、と。その場合には、「対象」および「概念」という語は、関係におけるさまざまな位置を示唆するのに役立つにすぎないであろう。そういうことはあるかもしれない。だが、それによって困難が回避されたと信じる者は、大きな過ちを犯す。困難は場所を変えたにすぎないのである。なぜなら、思想を構成する部分のすべてが完結していてはならず、少なくとも一つは、とにもかくにも不飽和ないし述語的でなければならない。さもないと、部分は相互に付着しないであろうから。したがって、たとえば「数2」という語結合の意義は、接着剤がなければ、「概念素数」という表現の意義に接着しないのである。そのような接着剤を、われわれは「数2は概念素数に属する」という文において用いている。それは「……は……に属する fällt unter」という語に含まれているのであり、そしてこの語は二ヵ所で補完が必要である。つまり主語と目的語による補完を必要とする。また、この語の意義がこのように不飽和であることによって初めて、この語は接着剤の役を果すことができるのである。この語が右の二ヵ所で補完された時に初めて、われわれは一つの完結した意義を手に入れるのであり、思想が与えられるのである。今や私は、このような語あるいは語結合について、それらは関係を意味する、と言う。ところで、われわれが概念に関して回避しようとしたのと同じ困難が、関係についても生じる。なぜなら、われわれが、「ある対象が概念に属するという関係 die Beziehung des Fallens eines Gegenstandes unter einen Begriff」という語によって指示するのは、関係ではなく、一つの対象だからである。そして「数2」、「概念素数」、「ある対象が概念に属するという関係」という三個の固有名は相互に無関心に振る舞うが、それは最初の二つの固有名だけの場合と同様である。それらをどのように組み合わせても、文は得られない。こうして、思想の部分が不飽和であることに由来する困難は、たしかに場所を変えたのではあるが、しかし回避されたのでないことは、容易にわかる。「完結した」および「不飽和」は、なるほど比喩的な表現にすぎないが、しかし私がここで与えようと思い、かつ実際に与えることができるのは、ヒントにすぎないのである。

『関数と概念』を参照されるならば、読者は理解がいくぶん容易になるかもしれない。というのは、解析学において関数と呼ばれているものは何かという問いに際して、われわれは同じ障害に突き当たるからである。その上、徹底した考察を行なうならば、この障害が事柄そのものとわれわれの言語の本性に基づくものであること、言語表現のある種の不器用さは不可避であること、そして、そのことを自覚し、かつつねにそのことを考慮に入れる以外になすべのないことが明らかになるであろう。

(1) つまり、概念は文法的述語の意味である。
(2) 私は「等しい」という語と「=」という記号を、「……と同じ」「……にほかならない」「……と同一」のいみに用いる。シュレーダーの『論理代数講義』(ライプツィヒ、一八九〇年)の第一巻、§1を参照。しかしながら、この書物において、ある対象が一つの概念に属するという関係と、ある概念が一つの概念に従属するという、根本的に異なった二つの関係の間に区別が設けられていないことは、やはりとがめられるべきである。また完全平方根に関する論評も疑念を惹き起す。記号⋹は、シュレーダーにおいては、単に繋辞の代りをつとめているのではない。
(3) 『算術の基礎』§66の注を参照。

(4)『算術の基礎』§51を参照。

(5) 近くZeitschrift für Philosophie und philosophische Kritikに掲載される予定の、意義と意味に関する論稿を参照されたい。〔本書の第二論文を参照—訳者〕

(6)『算術の基礎』§51, §66の注、§68の八〇ページの注。

(7) 相異なる言語表現は、決して完全には等価ではなく、また単語も他の言語に決して正確には翻訳できないという言明の影響範囲を、今日、人々は誇張する傾向があるように思われる。もしかすると人々はさらに先へ進んで、こう言うかもしれない。同じ単語でさえもその言語を共有する人々によって完全に同じようには把握されない、と。このような言明にどれほどの真理があるか、私は研究してみようとは思わないが、ただ次のことだけは強調しておきたい。私が意義と呼び、そして特に文の場合には、思想と呼ぶ共通な何かが、相異なる表現の中に、それでもやはりきわめてしばしば見いだされる。言い換えれば、こうである。同じ意義、同じ思想がいろいろな仕方で表現できるということを見誤ってはならない。かくして、その際に生じる相違はおよそ意義の相違ではなく、単に意義の把握、色合い、陰影に関する相違にすぎないので、論理学にとっては考慮されない。一つの文が他の文とちょうど同じだけの情報を与えることは可能である。そして人類には、言語のあらゆる多様性にもかかわらず、思想の共通の貯えがあるのである。表現を変形すると、それによって内容も変ってしまうということを口実にして、表現のあらゆる変形を禁止しようとするならば、論理学はまったく麻痺するだろう。なぜなら、論理学の課題は、さまざまな形で表現されている思想を再認識しようという努力がなければ、おそらく解決できないからである。またあらゆる定義も誤りであるとして拒絶されることであろう。

(8)「このバラは赤い」という文について、文法上の述語「赤い」は主語「このバラ」に属する、というとき、似たような事態が生じる。ここでは、「文法上の述語「赤い」」という語は文法上の述語ではなく、主語である。われわれは、その語をあからさまに述語と呼ぶことによって、まさしくその語から述語としての性質を奪い取ってしまうのである。

(9)『算術の基礎』Xページ参照。

(10) 対象を表わすあらゆる記号を、私は固有名と呼ぶ。

(11) 私がここで概念の述語的本性と呼ぶものは、補完必要性あるいは不飽和性の特殊な場合にすぎないのであり、私は『関数と概念』(イエナ、一八九一年)〔本書の第一論文—訳者〕において、これを関数にとって本質的なこととして挙げた。そこでもまた、「関数$f(x)$」という語の意味は関数ではないという、例の生硬さが生じるのではあるけれども、それでもたぶんこの表現はそこでは避けられなかったであろう。

(12) Zeitschrift für Philosophie und philosophische Kritik に掲載される、意義と意味に関する拙稿〔本書の第二論文—訳者〕を参照。

(13) 『算術の基礎』§46。

(14) 『算術の基礎』§53。

(15) 『算術の基礎』において、私はこのような概念を第二次の概念と呼び、また『関数と概念』においては、第二階の概念と呼んだ。私は本稿においても第二階の概念と呼びたい。

(16) 前に引用した、意義と意味に関する拙稿を参照。

四　関数とは何か

長い間、常時用いられているにもかかわらず、「関数」[1]という語が解析学において何を意味しているかに関しては、いまなお全く疑いを入れる余地がないわけではない。解説には、常に二種類の表現、数式表現と変数表現が、ある時には一緒に組み合わされて、ある時には単独に、繰り返し現われるのが見られる。また、ある時には、依存の様式を決定するもの、ないしは事によると依存の様式そのものを関数と呼び、ある時には、従属変数を関数と呼ぶというように、語法が揺らいでいることも認められる。

最近では、「変数」という語が定義においては重きをなしている。だが、この語自体が大いに説明を要するのである。あらゆる変化は時間のうちに進行する。したがって解析学は、変数を考慮に入れることによって、時間的な出来事とかかわり合わねばならなくなるだろう。ところが解析学は時間とは何のかかわりもない。なぜなら、解析学が時間的な事象に適用できるということは、解析学にとってはどうでもよいことだからである。解析学は幾何学にも応用されるが、幾何学においては時間は全く考慮されない。これが、例を手がかりにして事柄の本質を窮めようとすると き、われわれが再三突き当る主要な困難である。なぜなら、変数について述べようとするや否や、われわれは、時間のうちに変化するもの、それゆえ純粋解析学には属さないものを思いつくであろうから。それにもかかわらず、いやしくも変数が解析学の対象であるなら、算術に無縁なものは何も含んでいない変数を示すことが可能でなければならない。

このように変化ということには既に困難が横たわっているのであれば、もしも、何が変化するのかと問うならば、われわれは新たな困難に突き当る。われわれが答として第一に手に入れるのは、量、である。例を捜そう！　一本の棒は、長さに関する量と呼ぶことができる。この棒の長さに関する変化、たとえば、熱することによって起こる変化は、いずれも時間のうちに進行する。が、棒も長さも純粋解析学の対象ではない。変化する量を解析学の内部において示そうというこの試みは失敗する。そして、他の多くの試みも同じように失敗するにちがいない。なぜなら、長さ・平面・角度・計測・質量などの量はいずれも算術の対象ではないからである。すべての量の中で、数のみが算術に属する。そして、計測を通じてどのような量が個々の場合に数を付与されるのか、まさしくそのことを全く決定せずにおくがゆえに、この科学は最も多種多様な応用が可能なのである。そこでわれわれはこう問う。解析学の変数は変化する数であるか。いやしくも変数が解析学に属するとしたら、変数は変化する数以外の何であり得ようか。だが、後者の表現は、「変化する数」よりも受け入れ易いように思われる。一方ではしばしば「変化する量」と言うのはなぜであろうか、と。人はほとんど、「変化する数」とは言わないのに、「変化する量」と言うのはなぜであろうか、と。後者の表現は、「変化する数」よりも受け入れ易いように思われる。いったい変化する数は存在するのか。どの数も変化することなくその性質を保存するのではないか。ところで、人はおそらくこう述べるであろう。3やπが変化しない数、定数であることは明らかであるが、しかしやはり変化する数も存在するのである、と。たとえば私が、「この棒の長さをミリメートルで示す数」と言うならば、私は一つの数を名指しているのであり、そしてこの数は変化する。なぜなら、その棒は必ずしも同じ長さを保つとは限らないからである。それゆえ私はこの表現を、一つの数を指示したのである。この例を次の例と比較しよう！　十年前この国の王は老人であった。今この国の王は青年である。それゆえ私は、この表現を用いて、かつては老人で今は青年である一人の人間を指示したのである。この

私が「この国の王」と言うとき、私はこの表現を用いて一人の人間を指示する。

議論にはどこか誤りがあるにちがいない。「この国の王」という表現は、時の添加語がなければ、決していかなる人間をも指示しない。しかし、時の添加語が付け加えられるや否や、この表現は明確に一人の人間を指示できる。だが、その場合には、時の添加語はこの表現にとっての必須の構成要素である。そして、時の添加語が異なるならば、異なる表現が得られる。かくして、われわれの二つの文における陳述の主語は、決して同じではないのである。同様に、「この棒の長さをミリメートルで示す数」という表現も、時の添加語がなければ、絶対に数を指示しない。時の添加語が付け加えられると、それによって一つの数、たとえば1000を指示することができる。だが、その場合、この数は変化しない。日時の規定が異なれば、異なる表現が得られ、そしてこの表現が、今度はまた他の数、たとえば1001を指示することができる。「この棒の長さをミリメートルで示す数は、三十分前は三乗数であった。そして、この棒の長さをミリメートルで示す数は、今は三乗数ではない」とわれわれが言うとき、この陳述の主語は決して同じではない。この1000がたまたま1001に膨張したのではなく、1001に取って代られたのである。それとも、もしかして数1000は数1001と同じで、ただ字づらだけが異なるのであろうか。何かが変化するならば、その同じ対象の性質・状態が相次いで変化するのである。もしそれが同じ対象でないならば、それについて変化を述べることができる当の主語が全くないことになろう。棒は、熱せられると膨張する。膨張を続ける一方、この棒は依然として同じ棒である。もしもその代りにこの棒が奪い去られ、もっと長い棒に取り替えられているとするなら、われわれは、この棒が膨張したのだ、と言うことはできないであろう。人間は年をとる。しかし、それにもかかわらず、われわれが彼を同一人と認知することができないならば、それについて、年を取るということを述べることができるような、当のものは何もないことになろう。このことを数に適用しよう！　数が変化するとき、依然として同じであるものは何か。何もない！　したがって、数は全く変化しない。なぜなら、それについて変化を述べることができるようなものは何もないからである。三乗数は決して素数にはならないし、無理数は有理数にはならない。

かくして、変化する数は存在しない。そして、このことは、変化する数を表わす固有名がないという事実によって確認される。「この棒の長さをミリメートルで示す数」という表現によって、一つの変化する数を指示しようとする試みに、われわれは失敗した。しかし、われわれは「x」「y」「z」などによって、変化する数を指示するのではないか。確かに、われわれはこのような言い回しを用いるが、しかし、「2」や「3」が定まった数の固有名であるのとは異なって、これらの文字は変化する数の固有名ではない。なぜなら、数2および3は特定可能な方法で区別されるが、しかし「x」および「y」によって指示される、いわゆる変数は何によって区別されるのか。われわれはそれを言うことはできない。xはいかなる性質をもつのか、またyはそれとは異なるどのような性質をもつのか、われわれは特定できない。そもそもこれらの文字に何か結びつけるものがあるならば、それは、両方の場合、同じぼんやりした表象である。相違が明らかに現われる場合は、応用が話題になっているのである。だが、われわれはここでは応用については語らない。われわれは、それぞれの変数の特質を把握することができないので、変数に対し固有名を与えることはできないのである。

チューバー氏は、前に挙げた困難の幾つかを回避しようと試みた。(2) 時間から解放されるために、彼は変数を不確定数と解釈する。だが、不確定数なるものは存在するのであろうか。数は確定数と不確定数に分類されるべきであろうか。不確定な人間は存在するだろうか。あらゆる対象は確定した対象である必要はないのであろうか。だが、他方、数nは不確定ではなかろうか。数n、を私は知らない。「n」は、確定数であれ不確定数であれ、いかなる数の固有名でもない。それにもかかわらず、われわれは時折、「数n」と言うことがある。これはどのようにして可能であるか。このような表現は一つの文脈の中で考察されなければならないのである。例を取ろう！「数nが偶数であるなら、$\cos n\pi = 1$」。この文において、意義をもつのは全体だけであって、条件文も帰結文もそれ自身では意義をもたない。数nが偶数であるか否かという問いには、全く答えようがない。それは、$\cos n\pi = 1$であるか否かという問いに答えようがないのと同様である。答えが可能であるためには、「n」はある数の固有名でなければならないし、そしてその場合にはこの数は必然的に確定数であろう。われわれは一般性を達成するために、文字「n」を書く。その際に前提されているのは、この文字を一つの数の固有名で置き換えるなら、条件文も、また帰結文も、意義を獲得するということである。

もちろん、われわれはここで不確定性を話題にすることはできる。だが、その場合には、「不確定(な・に)」は、「数」に係る形容詞ではなく、たとえば、「示唆する」に係る副詞である。(二) 確かに、「n」は数を不特定な仕方で示唆する、とは言えても、「n」は不確定数を指示するとは言えないのである。そして、文字が算術において用いられる場合は常にそうなのであって、文字が固有名として振舞う少数の場合(π, e, i)は例外である。だが、そのような例外的な場合には、文字は、確定した、変化しない数を指示するのである。かくして、不確定数は存在しない。したがってチューバー氏のこの試みは失敗である。

第二に、彼は、われわれが変数を相互に区別して把握することができないという欠陥を取り除こうと努める。彼は、変数が取り得る値の全体を変数の範囲と名付け、こう言う。「変数xは、われわれが指示するあらゆる実数について、それがxの範囲に属するか否かが決定できるなら、定義されたものとみなされる」と。変数は定義されたものとみなされる。だが、実際にそうであろうか。不確定数は存在しないのであるから、いかなる不確定数も定義することは不可能である。範囲は変数の特徴を示すものであると言われる。したがって同じ範囲には同じ変数が属することになろう。それゆえ、もしxの範囲が正の数の範囲であるなら、等式「$y = x^2$」のyはxと同じ変数ということになるであろう。

この試みは失敗したものと見なさなければならない。「変数がある値を取る」という表現が全くはっきりしていないのであるから、なおのことである。変数は不確定数のはずである。不確定数がこんどは、どのようにして一つの数を取ることを装うのであろうか。なぜなら、値は明らかに一つの数であることを装うのであろうか。ほかの点に関しては、われわれはおそらく、対象はある性質を帯びると言うであろう。ここでは数は両方の役割を演じなければならない。すなわち、数は対象としては変数あるいは変化する量と呼ばれ、性質としては値と呼ばれる。こうして「数」という語よりも「量」という語のほうが好まれるのであるが、変化する量とこの量が取ると称する値は根本においては同じであること、対象が次々に異なる性質を帯びるということは全くない、したがって変化は決して問題にならないということ、がそれである。

理由は、人々が次の事柄について必ず思い違いをするからである。確かに、変化する量は承認できるが、しかしそれは純粋解析学には属さない。変化する数は存在しない。「変数」という語は純粋解析学においては正当化できない。

変数に関しては、われわれの結論は次の通りである。したがって、「変数」という語は純粋解析学には属さない。変化する数は存在しない。

ところで、われわれはどのようにして変数から関数に到達するのであろうか。彼は§3においてこう書いている。「その範囲に属する実変数 x の各値に、一つの確定数 y が関連づけられるなら、y はまた一般に変数として定義されているのであり、かつ実変数 x の関数と呼ばれる。人はこの事態を $z=f(x)$ という形式の等式によって表現する」。

ここでまず目につくことは、y が一つの確定数と呼ばれながら、他方では、それにもかかわらず変数として仕方で起こるであろう。それゆえ、われわれはチューバー氏の叙述に従う。彼は§3においてこう書いている。「その範囲に属する実変数 x の各値に、一つの確定数 y が関連づけられるなら、y はまた一般に変数として定義されているのであり、かつ実変数 x の関数と呼ばれる。人はこの事態を $z=f(x)$ という形式の等式によって表現する」。

ここでまず目につくことは、y が一つの確定数と呼ばれながら、他方では、それにもかかわらず変数として定義されているのであり、かつ実変数 x の関数と呼ばれる。y は、確定数でもなければ不確定数でもない。そうではなく、「y」と定数でなければならないということである。

いう記号は、誤って多くの数に付され、そしてそれにもかかわらず、その後に、あたかもそれが唯一つの数にほかならないかの如く語られるのである。おそらく次のように述べるなら、事情はいっそう単純かつ明瞭になるであろう。一つの x - 範囲のおのおのに一つの数が関連づけられている。これらの数の全体を、私はその y - 範囲と名付ける。だからもちろん、一つの y - 範囲が存在するのは確かであるが、しかし、y は実変数 x の関数である、とわれわれがそれについて述べることのできるような y は存在しない。

ところで、関数の本質は何であるかという問いにとっては、範囲を限定することは重要でないように思われる。なぜわれわれは実数の全体を、あるいは実数を含んだ複素数の全体を、ただちに範囲として受け入れることができないのだろうか。事態の核心は、実際にはおそらく全く別な所に、つまり「関連づけられている」という語に隠されているのであろう。ところで、数5が数4に関連づけられているかどうかを私は何によって感じ取るのであろうか。この問いは、何らかの仕方で補完されないならば、答えようがない。それにもかかわらず、チューバー氏の説明によれば、どの二つの数についても、第一の数が第二の数に関連づけられているか否かは、あたかもそのままで決定されているかのように見える。幸いなことに、チューバー氏は次のような注釈をつけ加えている。「特性 f を通じて最も一般的な仕方で示唆されている関連づけの法則については、上の定義はいかなる陳述も含んではいない。このことは最も多種多様な方法で確認することができる」。

こうして、関連づけはある法則に従って起こる。そしてそのような法則はいろいろと考えられる。ところで、この場合、「y は x の関数である」という表現は、当の関連づけがそれに従って生起するところのその法則を明示して補完されないならば、意義をもたない。これはこの定義の欠点である。そして、この説明においては与えられていないものとして扱われているその法則が、ほんらい主要な点なのではなかろうか。それと共に、可変性が全くわれわれの視野から消え失せる一方、一般性がわれわれの視界に現われることに気が付く。なぜなら、一般性を示唆するのが、「法則」という語だからである。

関連づけの法則の間の相違は、関数の間の相違に結びついているであろうし、したがってそれらの相違はもはや量的なものと見なすことはできないであろう。代数的関数・対数関数・楕円関数などをただの一度でも考えて見れば、これらの関数においては、質的な相違が重要であることをわれわれはただちに確信する。これが、関数を変数として説明できないもう一つの理由である。仮に関数が変数であるとするなら、楕円関数は楕円変数になるであろう。

このような関連づけの法則をわれわれは一般に等式によって表現する。そしてこの等式の左辺には文字「y」があり、一方、右辺には、たとえば、

「$y = x^2 + 3x$」

のように、数字、演算記号および文字「x」から成る計算式が現われる。

ところで、関数はそのような計算式として定義されたことがある。最近では、この概念は狭すぎることが判明している。しかしながら、この不便は算術の記号言語に新しい記号を導入することによってきっと回避できるであろう。より重要なのは、もう一つの異論、つまり計算式は、記号の集まりとみるとき全く算術には属さない、という異論である。記号がこの科学の対象であると言い張る形式理論は、拙著『算術の基本法則』の第二巻[三]において私が行なった批判により、おそらく、決定的に論駁されたものとみることができると思う。記号と記号によって指示されるものとの区別が必ずしも厳密になされていないので、その結果、人は計算式(解析的表現)の下に、実際にも、半ばその式が意味するものを理解していたのである。では、「$x^2 + 3x$」は何を指示するのか。本来は、全く何ものをも指示しない。なぜなら、文字「x」は数を示唆するのみで、指示はしないからである。「x」を数字によって置き換えるなら、一

つの数を指示する表現が得られる。かくして新しいことは何もない。「x」自身と同様に、「x^2+3x」も示唆するのみである。これは、文、

「$x^2+3x = x \cdot (x+3)$」

「$x>0$ ならば $x^2+3x>0$」

の場合と同様に、一般性を表現するために行なわれることがある。

ところで、関数はどうなっているのか。計算式自身も、またその意味も、共に関数とみなすことはできないように思われる。それにもかかわらず、われわれは正しい道から全く遠く離れてしまったわけではない。「sin 0」「sin 1」「sin 2」という表現のおのおのは一つの特定の数を意味する。だが、われわれには「sin」という共通の構成要素が与えられており、そして、正弦関数に固有の本質がここに示されていることがわかる。この「sin」は、チューバー氏が言うところの、法則を示唆するあの「f」におそらく対応するのであろう。その上、「f」から「sin」への移行は、「a」から「2」への移行に似て、示唆する記号から指示する記号への移行である。それゆえ、「sin」が一つの法則を意味するのであろう。もちろん、これは全く正しいわけではない。法則は、われわれにとっては、どちらかと言えば、「$y = sin\ x$」という等式において表現されているように思われる。そして、「sin」という記号はその部分にすぎないのである。もちろんその法則の特質を表わす部分ではあるが。そして、われわれが捜し求めていたもの、関数、が、ここで与えられているのではなかろうか。だから「f」も、厳密にとれば、関数を示唆するのであろう。そしてここにおいて、われわれは、関数を数から区別するものに思い至る。すなわち、この「sin」は数字によって補完する必要があるのである。だが、この数字は関数表記の一部ではない。これは一般に当てはまる。つまり、関数の記号は不飽和であり、数字によって補完する必要がある。このときわれわれは、この数字をアーギュメントの記号と名づ

ける。このことは根号においても、対数記号においても見られる。関数記号は、数字とは違って、ただそれだけでは等式の一辺に立つことはできず、一つの数を指示ないし示唆する記号によって補完されている場合に限って、等式の一辺に現われることができる。ところで「$\sin 1$」「$\sqrt{1}$」「$l1$」[四] のような、関数記号と数字から成るそのような複合物は何を意味するのか。それぞれ一つの数を意味する。こうしてわれわれは、二つの異質の部分から構成されている数詞を手にするのであるが、この数詞においては、不飽和な部分がもう一方の部分によって補完されているのである。

　この補完が必要であるという事実は、空のカッコを用いることによって、たとえば、「$\sin(\ \ )$」「$(\ \ )^2+3\cdot(\ \ )$」の如く、目に見えるようにはっきりさせることができる。これはほんらい最も事実に即した表記法であり、また、アーギュメントの記号を関数記号の部分とみなすことから生じる混乱を防ぐのに最も適しているのではあるが、しかし、この表記法はおそらく受け容れられないであろう。[3] この目的のためには、また文字を用いることもできる。そのような文字として「ξ」を選ぶならば、「$\sin\xi$」および「$\xi^2+3\cdot\xi$」は関数の記号である。だがその際確認しておかなければならないことは、ここで用いられている「ξ」の任務は、補完用の記号がどこに挿入されるべきか、その場所を知らせることにあるにすぎないということである。この文字は他の目的には用いないほうがよいであろう。それゆえ、たとえば、われわれの幾つかの例において、一般性を表現するのに役立っている「x」の代りにこの文字を用いることはしないほうがよいであろう。

　微分商を表わす通常の表記法の欠点は、方程式

$$「\frac{d\cos(x/2)}{dx}=-\frac{1}{2}\sin\frac{x}{2}」$$

において見られるように、文字「x」がアーギュメントの位置を知らせるために用いられるのみならず、一般性を表

現するためにも用いられるということである。ここから一つの困難が生じる。算術における文字使用の一般的な原則によれば、「x」に数字を代入するなら、われわれは一つの特殊な事例を手に入れるはずである。しかし、表現

$$「\frac{d\cos(2/2)}{d2}」$$

は理解できない。なぜなら、関数が認識できないからである。その関数が、

$\cos\frac{(\ )}{2}$ であるか、$\cos\frac{2}{(\ )}$ であるか、$\cos\frac{(\ )}{(\ )}$ であるか、

われわれには分らない。そのため、われわれは、次のようなだらだらした書き方

$$「\left(\frac{d\cos(x/2)}{dx}\right)_{x=2}」$$

を用いることを余儀なくされるのである。だが、この表記法のより大きな欠点は、関数の本質に対する理解がこれによっていっそう困難になるということである。

われわれが不飽和性と呼んだ関数記号の特質は、もちろん関数そのものがもつ何かに対応しているのである。事実またわれわれは関数を不飽和と名付けることができるし、またそうすることによって関数が数とは根本的に異なったものであることを特徴づけることができる。もちろん、これは定義ではない。が、また、そのようなことはここでは可能ではない[4]。私は、自分が考えていることを比喩的な表現を用いて示唆することに限定しなければならない、そしてその際私は、読者の好意的な理解に頼らざるを得ないのである。

ある関数を一つの数によって補完したとき、その結果として一つの数が与えられるなら、われわれは後者の数を、

アーギュメントとしての前者の数に対するこの関数の値と名付ける。人は、「$y=f(x)$」という等式を、「yはxの関数である」と読むことに慣れている。ここには二つの誤りがある。第一に、等号を繋辞に翻訳している。第二に、関数をアーギュメントに対するその値と混同している。これらの誤りから、関数は数である――それが変化する数であれ、あるいは不確定数であれ――という見解が生じたのである。それに反し、われわれがこれまで見てきたことは、そのような数は全く存在しないこと、および関数は数とは根本的に異なるということであった。

簡略に書こうと努めた結果、われわれは多くの不正確な表現を数学の言語へ導入した。そしてこれらの表現が逆に作用して思想を曇らせ、誤った定義をもたらすことになったのである。数学はほんらい論理的明晰性の模範のはずである。実際には、おそらく、数学の著作に見られるほどの歪んだ表現や、その結果としての歪んだ思想は、他の科学の著作には見られないであろう。論理的正確さは決して表現の簡略さの犠牲になってはならない。それゆえ、可能な限りの簡略さを最も厳密な正確さに結びつける数学の言語を造り出すことは非常に重要である。それには、規則の総体である概念記法がおそらく最も適しているであろう。これを用いれば、われわれは音声を介さずに、書かれた記号あるいは印刷された記号によって思想を直接的に表現できるのである。

（1） 本稿の考察は、唯一つのアーギュメントをもつ関数に限ることにする。

（2） 『微積分法講義』(*Vorlesungen über Differential- und Integralrechnung*, Leibzig, Teubner) 1. §2.

（3） ちなみに、この表記法は、関数を全く単独に指示しようという例外的な場合だけを念頭に置いているのである。「sin 2」においては、「*sin*」だけで既に関数を指示している。

（4） ハンケルがその著 *Untersuchungen über die unendlich oft oszillierenden und unstetigen Funktionen* (Universitätsprogramm, Tübingen, 1870) §1で与えている定義は、悪循環のために役にたたない。なぜなら、彼の定義は「$f(x)$」という表現を含んでおり、そしてこの表現は、定義されるべき当の事柄を、その説明にあたり前提しているからである。

第二部　論理学研究

五　思　　想

「美」という語が美学に対して一つの方向を指示し、また「善」という語が倫理学に対して一つの方向を指示するように、「真」という語は論理学に対して一つの方向を指示する。確かにすべての科学は真理を目標にしている。だが、論理学は真理に対し、なお他の科学とは全く異なった仕方でかかわり合う。論理学の真理に対する関係は、物理学の重力あるいは熱に対する関係にほぼ似ている。真理を発見することはすべての科学の任務である。しかし、真理の法則を認識することは論理学に属する。「法則」という語は二重のいみに用いられる。道徳律や法律を話題にするときは、われわれは、従わねばならない規則のことを考えているのであるが、実際の出来事は必ずしもそれと一致しない。自然法則は自然界に起こる出来事の一般的な特徴であり、個々の自然的な出来事は常にこの法則に一致する。私が真理の法則と言うのは、むしろこのいみにおいてである。もちろん、ここでは、何〝である〟かが問題なのであって、何が〝起こる〟かは問題ではない。さて、真理の法則から、あることを真と見なし、考え、判断し、推論するための規則が生じる。だから、人はおそらくまた思考の法則なるものを話題にするであろう。だが、ここには、異なったものを混合する危険がある。人々はもしかすると「思考の法則」という語を「自然法則」と同じようなものと理解し、そしてその際、心的出来事としての思考のもつ一般的な特徴を念頭に置くかもしれない。このいみでの思考の法則は心理学の法則であろう。そしてその結果、人々は、論理学が取り上げるのは思考の心的過程と、思考が従う心理学の法則であるという見解を抱くようになるかもしれない。だが、それでは論理学の任務を誤解することになろう。なぜなら、このような見解においては、真理はそれにふさわしい位置を与えられていないからである。思い違いや迷信にも、正しい認識と全く同様に、その原因がある。偽なることを真と見なすことも、また真なることを真と見なすことも、共に心理学の法則に従って行われる。何かあることを真とみなすに至る一つの心的過程を心理学の法則から導き出して説明することは、真と見なされる当の事柄の証明に取って代ることは決してできない。この心的過程においては、また論理法則も関わっているということはあり得ないであろうか。私はそのことを否定しようとは思わない。だが真理が問題になるときは、その可能性だけでは十分ではない。事実また非論理的なものが心的過程に関わり、この過程を真理から遠ざけるということはあり得る。真理の法則を認識した後に初めて、われわれはそれを決定できるのである。だが、心的過程の最後の段階が何かあることを真と見なすことであるということは正当化できるかどうか、それを決定することがもしもわれわれの問題であるならば、そのときには、われわれはおそらく心的過程を導き出してそれを説明したりすることはしないですむであろう。あらゆる誤解を排除し、また心理学と論理学の境界をあいまいにしないために私が論理学に割り当てる任務は、真と見なすこと、あるいは考えること、の法則を発見することではなく、真理の法則を発見することである。「真」という語の意味は、真理の法則のなかで説明される。

だが、まず第一に私は、この脈絡において私が何を〝真〟と名付けようと思っているのか、その略図をほんのあらましではあるが描いてみようと思う。それによって、この語の的はずれの使用法を拒絶できるであろう。ここではこの語は「真実の」あるいは「真理を愛する」のいみでは用いられてはならないし、なおまた芸術の問題を論じる際に時おり見られるような仕方で用いられてもならない。たとえば、芸術における真理が話題にされる時や、真理が芸術の目標と呼ばれる時や、さらには芸術作品の真理あるいは真なる感情について語られる時に見られるような仕方で用いられてはならないのである。またわれわれは、「真」という語がその本来の、純粋ないみにおいて理解されるべきであることを知らせるために、この語をまた他の語の後に置く(一)。このような使用法も、われわれがここで追求している道筋にはない。われわれが考えているのは、それを認識することが科学の目標であると言われる類の真理である。

「真」という語は、文法的には性質語のように見える。それと同時に、真理が述べられる領域や、そもそも真理が問題になり得る場面をより狭く限定したいという願望が生じる。真理が、絵画や表象や文それに思想について述べられているのがわかる。ここでは、奇妙なことには、目に見え、耳で聞くことのできる物が感官によって知覚することのできないものと一緒に現われている。これは、いみの移動が行なわれたことを示唆する。事実、いみの移動が行なわれたのである！　目に見え、手で触れることのできる、単なる物としての絵は、そもそも本来、真なのであろうか。また、石や木の葉は真でないのだろうか。絵については、そこに意図がない限り、われわれがそれを真と呼ばないだろうということは明らかである。絵は何かを描写するはずである。表象もそれ自身では真とは呼ばれず、それは何かと一致するはずだという意図を顧慮してのみ真と言われるのである。したがって人は、真理は絵と描かれたものとの一致にある、と推測するかもしれない。一致は関係である。だが、これは「真」という語の用法に矛盾する。この語は関係語ではないし、また、あるものが別のあるものと一致するはずの、当の別のものへの示唆も含んでいない。もしもある絵がケルン大聖堂を描こうとしたものであることを私が知らないならば、それが真であることを決定するために、私がその絵を何と比較しなければならないか、私にはわからない。その上、一致が実際に完全なものであり得るのは、一致すべきものが相等しいとき、かくして、少しも異なったものでないときに限るのである。ある銀行紙幣が本物であることを立証するには、その紙幣を本物の紙幣と立体鏡で見るように重ね合わせることができればよいと言われる。だが、金貨を二〇マルク紙幣と立体鏡で見るように重ね合わせようとすることは、ばからしいことであろう。表象と事物を重ね合わせることは、この事物がまた表象でもあるときに可能であるにすぎないであろう。そして、その場合、第一のものが第二のものと完全に一致するなら、それらは相等しい。だがこれは、真理を表象と実在する事物との一致と定義するとき、人々が絶対に意図していることではない。そのような定義においては、実在と表象が異なっていることが、まさに本質的なことなのである。だがこのときには、完全な一致も、完全な真理も存在しない。したがって、およそ何事も真ではないであろう。なぜなら、半ば真であるにすぎないものは、真ではないからである。真理は程度の差を認めない。それとも、認めるのであろうか。なんらかの点において一致が生じるなら真理は成り立つ、と定めることはできないであろうか。だが、どの点においてか。またその場合には、何かあることが真であるかどうかを決定するためには、われわれは何をしなければならないのであろうか。定められた点において――たとえば表象と実在が――一致しているということが〝真〟であるかどうか、われわれは調べなければならないであろう。そしてそれにより、われわれは再び同じ種類の問題に直面するであろうし、ゲームが新たに始まるかもしれないのである。こうして、真理は一致である、と説明しようとするこの試みは失敗する。それゆえ、真理を定義しようとする他のあらゆる試みもまた失敗する。なぜなら、定義においては、幾つかの徴表が特定されようし、そして定義を特殊な場合へ適用するにあたり、これらの徴表が当てはまっているというのが〝真〟であるかどうか、が常に問題になり得るからである。こうして、われわれは円の中をグルグル回っているのである。したがって「真」という語の内容は全く独特であり、定義不可能であるように思われる。

われわれが絵に関して真理を述べるとき、われわれはほんらい、他のものとは全く独立にこの絵に属する性質を述べようというのではない。そうではなく、われわれは、その際つねになお全く別のものを念頭におき、そして、あの絵がこの別のものとなんらかの仕方で一致する、といおうとしているのである。「私の表象はケルン大聖堂と一致する」というのは文であり、そして今や問題なのはこの文の真理である。だから、われわれがおそらく誤って絵と表象について真理と呼んでいるものが、文の真理に還元されるのである。われわれが文と呼ぶものは何か。ひと続きの音である。だが、それも意義をもっているときに限る。だからといって、意義をもつ音の連続ならばどれでも文であるというわけではない。そしてわれわれが文を真と呼ぶとき、われわれが本来考えているのは文の意義のことである。かくして、およそ真理が問われ得るものは、文の意義であることが明らかになる。では、文の意義は表象であろうか。いずれにせよ、真理は文の意義と他の何かとの一致にあるわけではない。なんとなれば、さもないと真理への問いが無限に繰り返されるであろうから。

これを定義にするつもりはないが、私が思想と呼ぶものは、およそ真理が問題になり得るもののことである。だから、偽なるものも、真なるものと同様に、私は思想とみなす。(1) したがって、私はこう言うことができる。思想は文の意義である、ただしそれと共に、あらゆる文の意義が思想であると主張するつもりはない。それ自身では知覚できるものではない思想は、文という知覚できる衣装を身にまとい、それによってわれわれにいっそう把握できるものとなるのである。われわれは言う、文は思想を表現する、と。

思想は非感覚的なものである。そしてすべて感官によって知覚可能なものは、およそ真理が問題となり得るものの領域から除外されるべきである。真理は、特殊な種類の感官印象に対応する性質ではない。それゆえ、真理は、われわれが「赤い」「苦い」「ライラックの香りがする」という語によって名づけている性質とは厳密に区別される。だがわれわれは、太陽が昇っていることを見ないであろうか。そしてそれと同時に、これが真であることを、われわれはまた見ないであろうか。太陽が昇っているということは、私の目に届くような光線を放射する対象ではない。それは、太陽そのもののような目に見えるものではない。太陽が昇っているということは、感官印象に基づいて真と認識される。それでもなお、真理は感官によって知覚できる性質ではない。あるものが磁気を帯びているという性質も、真理と同様に特殊な種類の感官印象に対応しないにもかかわらず、ものについての感官印象に基づいて認識されるという点では、これらの性質は一致する。しかしながら、私がこの瞬間にある物体が磁気を帯びていることを認識するためには、われわれは感官印象を必要とする。これに対し、私がこの瞬間に何の匂いもかいでいないことを、私が真と思うとき、私はそれを感官印象に基づいて行なうのではない。

あるものについて一つの性質を認識するとき、われわれは必ず、それと同時に、このものがこの性質を有するという思想を真と思うということ、このことは、やはり何と言っても考えておくべきことである。だから、もののあらゆる性質には思想の一つの性質、つまり真理という性質が結びついているのである。また注目に値するのは、「私はスミレの香をかぐ」という文が、「私はスミレの香をかぐ、ということは真である」という文と、やはり確かに同じ内容をもっているということである。だから、それでもなお、科学者が長い間のためらいと骨の折れる研究の後でついに、「私の推測したことは真である」と言うことができるとしたら、それは立派な成果であるかのように思われる。これまでの通常のいみにおいては決して性質と呼ぶことのできないような語の意味は全く独特なもののように思われる。「真」という語の意味は全く独特なもののように思われる。これまでの通常のいみにおいては決して性質と呼ぶことのできないような、われわれはここで、かかわり合っているのではなかろうか。このような疑いにもかかわらず、私はさしあたってなお言語の慣用に従い、より適切な語が見つかるまで、真理をあたかも性質であるかのように述べようと思う。

私が思想と呼ぶものをいっそう明らかにするために、私は文の種類を区別する。命令文に対し、われわれは意義を認めないわけではない。だが、この意義は、それについて真理が問題にし得るような種類のものではない。それゆえ私は命令文の意義を思想とは呼ばないであろう。同様にして、願望文、嘆願文も除くことにする。ここで問題になるのは、何かを伝達するか、あるいは主張する文だけである。だが、自分の感情を漏らす感嘆、うめき、ため息、笑いはこれには数えない。ただし、特殊な約束によって、これらが何かを伝達するように定められているときは別である。では、疑問文の場合はどうであろうか。単語疑問(二)においては、われわれは不完全な文を発話するのであるが、この文は、われわれが求めている補完によってはじめて真の意義を与えられることになっている。それゆえ、単語疑問はここでは考慮の外に置く。文疑問(三)では事情は異なる。われわれは、「然り」あるいは「否」という答えが聞かれるものと期待する。「然り」という答えは主張文と同じことを意味する。なぜならば、疑問文に既に完全に含まれている思想が、この答えを通して、真であると言明されるからである。それゆえわれわれは、あらゆる主張文に対し、文疑問を構成することができる。感嘆表現は、それに対応する文疑問を構成することができないので、情報の伝達と見なすことはできない。疑問文と主張文は同じ思想を含む。しかし主張文はなおそれ以上のもの、つまり、まさしく主張を含む。疑問文もまた、それ以上のもの、つまり要求を含む。それゆえ、主張文においては二つのことが区別されねばならない。すなわち、主張文がそれに対応する文疑問と共有している内容、と主張、の二つである。前者は思想である、あるいは少なくとも思想を含む。だからある思想を、それを真と言明せずに、表現することが可能なのである。主張文においては、二つのことが密接に結びついているので、われわれは両者の分離可能性を容易に見落とすのである。したがって、われわれは次のような区別を立てる。

一　ある思想を把握すること――考えること、
二　ある思想を真と認めること――判断すること(3)、
三　この判断を表明すること――主張すること。

文疑問を構成するときには、われわれは既に第一の行為を遂行したのである。科学における進歩は通常次のような順序で生じる。まず第一に、たとえば文疑問において表現できるような仕方で思想が把握され、ついでそれに基づいて研究を行なった後に、ついにこの思想の真であることが認識される。われわれは、真理を承認していることを主張文という形式において表現する。われわれはそのことのために、「真」という語を必要としない。そして、われわれがその語を用いる時でさえ、本来の主張力はその語にあるのではなく、主張文という形式にある。そしてこの形式がその主張力を失う場合には、「真」という語もそれを再びとり戻すことはできない。このことは、われわれが本気で話をしないときに起こる。舞台の上の雷鳴が見かけの雷鳴にすぎず、舞台の上での戦闘が見かけの戦闘にすぎないように、舞台の上での主張もまた見かけの主張にすぎない。それは演技にすぎず、虚構にすぎないのである。一つの役を演じている俳優は何も主張しない。また彼は、誤りであると自分が確信していることを口にするときでさえ、嘘をついているのではない。詩の場合は、主張文という形式にもかかわらず、たとえその詩によって聞き手が自らそれに同意するような判断を下す気になることがあるにせよ、それを真と言明しないで、思想が表現される場合である。それゆえ、形式から見れば主張文のように思われるものについても、それが実際に主張を含んでいるかどうか、やはり常に問うべきである。そしてこの問いは、それに必要な真面目さが欠ける場合には、否定されねばならない。その際に「真」という語が用いられているかどうかは、ささいなことである。われわれが思想に対して真理という性質を添えても、思想にはそれによって何も付け加わらないように思われるということは、以上のことから明らかになるのである。

主張文は、思想と主張のほかに、なお主張によってはカバーされない第三の要素をしばしば含んでいる。これが聞き手の感情や気分に作用したり、あるいはその想像力を刺戟するのはよくあることである。「残念ながら」や「ありがたい」という語がこれに属する。詩においては、文のそのような構成要素はひときわ目だつのであるが、散文においてもこのような要素を全く欠くということは稀である。数学、物理学および化学の叙述においては、このような要素は歴史学の叙述におけるよりは少ないであろう。精神科学と呼ばれるものはかなり詩に近く、だがまた、それゆえに、厳密科学ほど科学的ではない。厳密科学は厳密であればあるほど、無味乾燥である。なんとなれば、厳密科学は真理に、そして真理にのみ向けられているからである。それゆえ、主張力に含まれない文の構成要素はすべて科学的な叙述に属さないのであるが、しかし、これらの要素に結びついている危険を理解している者にとっても、それらの構成要素を避けることは時には困難である。思考によっては把握不可能なものに対し予感に基づいて接近しなければならない場合には、これらの構成要素は全く正当である。叙述が厳密に科学的であればあるほど、その著者の民族性は目につかなくなり、その叙述はいよいよ翻訳が容易になるのである。他方、私がここで注意を向けたいと思っている言語の構成要素は、詩の翻訳を非常に困難にするし、実際、完全な翻訳をほとんど常に不可能にしている。なぜならば、詩的価値の大部分が依拠しているまさにその点において、言語はたいてい異なっているからである。

私が「ウマ Pferd」、あるいは「(乗用)馬 Roß」、あるいは「(使役)馬 Gaul」、あるいは「(老)馬 Mähre」という語を用いようと、思想の上では全く同じである。主張力は、これらの語が相互に異なるその様態にまでは及ばない。われわれが詩において気分、香り、陰影と呼ぶことができるもの、抑揚や律動によって彩られるものは思想には属さない。

言語の内部には、聞き手の理解を容易にするのに役立つものが幾つかある。たとえば、強勢あるいは語の配置によって、ある文成分を強調するのがそれである。また、「まだ」および「既に」のような語のことを考えてみよう。「アルフレートはまだ来ていない」という文を用いてわれわれが実際に言っているのは、「アルフレートは来ていない」ということであり、それと同時に、彼が来るのをわれわれが期待していることを示唆しているのである。だが、まさに示唆するにとどまる。アルフレートの来ることは期待されないのでこの文の意義は偽である、と言うことはできない。「しかし aber」という語が「そして und」と異なるのは次の点である。それは、「しかし」という語の後に続く事柄が、この語の前に来る事柄について期待できることと対照的であるということを、われわれがこの語によって示唆するということである。対話の上でのこのような示唆は、思想に対しては何の相違ももたらさない。動詞を能動態から受動態に換え、同時に対格目的語を主語にすることによって、われわれは一つの文を変形することができる。同様に、与格を主格に変換し、同時に「与える」を「受ける」によって置き換えることもできる。確かに、このような変換はあらゆる点において取るに足りないものだとは言えない。しかし、それらは思想にはかかわらない。それらは、真あるいは偽であるものにはかかわらない。もしもそのような変換は禁止するということが一般に承認されるなら、あらゆる奥行きのある論理研究は、それによって阻止されるであろう。本質的なことに関して区別をつけることが重要であるのと同様に、事柄の核心にかかわらないことに関しては、区別をつけないことが重要なのである。だが、何が本質的であるかは、その目的による。言語の美にかかわる心性にとっては、論理学者にはどうでもよいことが、まさしく重要なことがあるのである。

　こうして、文の内容が、その文において表現されている思想より多くのものを含んでいることは稀ではない。だがまた、その逆もよくあることである。つまり、単なる発語——これは文字あるいは蓄音機によって保存できる——は思想を表現するのには十分ではない。現在時称は二通りの仕方で用いられる。第一に、時の指定を行うために、第二に、無時間性あるいは永遠性が思想の構成要素である場合に、あらゆる時間的制限を解除するために用いられる。たとえば数学の法則のことを考えてみよ。これらの二つの場合のうちどちらが生じているかは、表現されるのではなく、察知されなければならない。もしも現在時称によって時の指定を行うことになっているならば、思想を正しく把握するためには、その文がいつ発話されたかを知らなければならない。だから、この場合には、発話の時が思想表現の部分なのである。ある人が、「今日」という語を用いて昨日表現したのと同じことを今日述べようと思うなら、彼はこの語を「昨日」によって置き換えるであろう。思想は同じではあるけれども、発話の時が異なることから他の点でひき起こされる意義の変更を再び補整するために、この際、言語表現は異なっていなければならない。「ここ」「そこ」のような語においても事情は似ている。これらの場合は、文字によって保存できるような単なる発語はすべて、思想の完全な表現ではない。思想を正しく把握するには、発話に際し思想を表現する手段として利用される、発話に伴う幾つかの状況に関する知識がやはり必要である。指差し、手振り、眼差しなどもこれに属するかもしれない。「私」という語を含む同じ発語も、異なる人々の口をついてなされる時には、異なる思想を表現するであろうし、そしてそのうちの幾つかは真で、残りは偽であろう。

「私」という語が文中に登場すると、さらに幾つかの問題をひき起こす。

次のような場合があるとしよう。グスタフ・ラオベン博士が「私はけがをした」と言う。レオ・ペーターがこれを聞き、数日後に、「グスタフ・ラオベン博士はけがをした」と述べる。さて、この文は、ラオベン博士が自ら述べたのと同じ思想を表現しているであろうか。ラオベン博士が話をした時、ルドルフ・リンゲンスは居合わせており、かつレオ・ペーターが述べたことを今聞いているものと仮定しよう。もし同じ思想がラオベン博士とレオ・ペーターによって述べられているならば、ルドルフ・リンゲンスは、その言語(四)がよくでき、また彼が居合わせた時にラオベン博士が語ったことを覚えているので、ペーターの話しに接するや直ちに、同じことが話題にされていることを知るにちがいない。しかし、固有名が関係しているときは、言語(五)の知識に関して独特な問題がある。たぶんごくわずかな者だけが、「ラオベン博士はけがをした」という文に一定の思想を結びつけるのかもしれない。完全な理解のためには、この場合には「グスタフ・ラオベン博士」という単語についての知識が必要である。さて、レオ・ペーターとルドルフ・リンゲンスの二人が、「グスタフ・ラオベン博士」という名で、彼ら二人の知っている住居に唯一人の医師として住んでいる、その医師のことを理解しているのであれば、二人は「グスタフ・ラオベン博士はけがをした」という文を同じ仕方で理解し、この文に同じ思想を結びつける。だが同時に次のこともありうる。ルドルフ・リンゲンスはそのラオベン博士を個人的には知らず、また、「私はけがをした」とこの間語ったのがまさしくそのラオベン博士であることを知らない。この場合ルドルフ・リンゲンスは、同じ事柄が問題になっているということを知ることができない。それゆえ私は、この場合については次のように言う。レオ・ペーターが表明する思想はラオベン博士が述べたものと同じではない。

さらに、こう仮定しよう。ヘルベルト・ガーナーは、グスタフ・ラオベン博士が一八七五年九月一三日某地に生まれたこと、そしてこれは他の誰にもあてはまらないこと、を知っている。これに反し、ラオベン博士が今どこに住んでいるかは知らないし、またほかに博士のことについては何も知っていない。他方、レオ・ペーターは、グスタフ・ラオベン博士が一八七五年九月一三日某地に生まれたことを知らない。すると、この場合には、ヘルベルト・ガーナーとレオ・ペーターは、「グスタフ・ラオベン博士」という名前で実際に同じ人を指示してはいるけれども、この固有名に関する限りでは、同じ言語を話していないのである。なぜなら、彼らは、自分たちがそうしていることを知らないからである。だからヘルベルト・ガーナーは、「グスタフ・ラオベン博士はけがをした」という文に、レオ・ペーターがこの文によって表現しようとしているのと同じ思想を結びつけてはいないのである。ヘルベルト・ガーナーとレオ・ペーターが同じ言語を話してはいないという窮状を回避するために私はこう仮定する。レオ・ペーターは「ラオベン博士」という固有名を用い、これに対しヘルベルト・ガーナーは「グスタフ・ラオベン」という固有名を用いる。すると、こういう事態が生じ得る。ヘルベルト・ガーナーは、「ラオベン博士はけがをした」という文の意義を真と見なすが、他方では、誤った情報に欺れて、彼は「グスタフ・ラオベンはけがをした」という文の意義を偽と見なす。だから、われわれの立てた仮定の下では、これらの思想は異なっているのである。

したがって固有名に関しては、固有名によって指示されるもの――それが男性であれ、女性であれ、あるいはものであれ――がどのようにして与えられるか、が重要なのである。それはさまざまな仕方で行なわれよう。そして、固有名を含む文の特殊な意義が、それぞれそのような仕方に対応する。もちろん、同じ文からこのようにして生じる相異なる思想の真理値は一致する。すなわち、それらのうちの一つが真であるなら、それらはすべて真であり、それらのうちの一つが偽であるなら、それらはすべて偽である。それでもやはり、思想の相違は認められねばならない。だから、あらゆる固有名には、固有名によって指示されるもの――それが男性であれ、女性であれ、あるいはものであれ――がわれわれに与えられるための唯一つの方法が結びついている、ということを実際われわれは要求しなければならないのである。この要求が満たされていることは、時には取るに足りないことであるが、いつもそうであるとは限らない。

さて、あらゆる人間は、自分自身に対し、他のいかなる人間に対するのとも異なった、特殊な原始的な仕方で振る舞う。今ラオベン博士が、自分はけがをしたと考えるなら、彼はその際おそらく、彼が自分自身に対して振る舞うこの原始的な方法を根拠に置くであろう。そして、そのような仕方で確定された思想はひとりラオベン博士のみが把握できる。だが今では、彼は他人に知らせたいと思う。ひとり彼のみが把握できる思想は、伝達することができない。それゆえ、彼が今「私はけがをした」と言うならば、彼はその「私」を、他人にも把握できるようないみに、たとえば「この瞬間にあなたに話しかけている者」といういみに用いなければならない。そうすることにより、彼は、自分ろうか。

けれども、ここで疑念が生じる。最初にあの人が述べ、そして次にこの人が述べることは、そもそも同じ思想であの発話に伴う諸状況を思想を表現するのに役立たせるのである。(4)

まだ哲学の影響を受けていない人は、自分が目で見、手で触れることのできるもの、要するに、木や石や家のような、感官で知覚できるようなものを、まず第一に知る。そして彼は、自分自身が目で見、手で触れるのと同じ木、同じ石を他人も同様に目で見、手で触れることができると確信している。思想がこのようなものに属さないことは明らかである。ところで思想は、それにもかかわらず、人々に対し、木のように、同じものとして立ち現われることがあり得るのだろうか。

哲学的でない人でさえ、外的世界とは異なる内的世界を承認することの必要であることがまもなくわかる。内的世界というのは、感官印象の世界、自己の構想力を創造する世界、感覚の世界、感情と気分の世界、性向・願望および決断の世界である。表現を簡単にするために、決断を除いて、私はこれらを「表象」という語で包括しようと思う。

さて、思想はこの内的世界に属するのであろうか。思想は表象であるか。思想が決断でないことは明らかである。

表象は外的世界の事物とどこで異なっているのであろうか。

第一に、表象は目で見ることも手で触れることもできない。また、そのにおいをかぐことも、味わうことも、さらに音を聴くこともできない。

私は伴を連れて散歩する。私には緑の草原が見える。それと同時に、私は緑の視覚印象をもつ。私は印象をもつ。が、しかし、私はそれを見るのではない。

第二に、表象はわれわれが所有する何かである。われわれは感覚・感情・気分・性向・願望をもつ。ある人が所有する表象は、その人の意識の内容に属する。

草原や草原にいる蛙、これらを照らす太陽などは、私がそれらを眺めているといないとにかかわらず、そこに存在している。だが、私が抱く緑についての感官印象は、私によって存立するにすぎない。私はそれの担い手である。苦痛・気分・願望がその担い手なしにひとりで世界中を歩き回るというようなことは、われわれにはばかげているように思われる。感覚は感覚する者なしにはあり得ない。内的世界は、その世界が、その人の内的世界であるところの誰かある人を前提しているのである。

第三に、表象は担い手を必要とする。外的世界はこれに比べると、独立している。

私の伴と私は、われわれ二人が同じ草原を見ていることを確信している。だが、われわれのおのおのは、緑について別個の感官印象をもつ。私には緑のイチゴの葉の間にイチゴの実が一個見える。私の伴はそれを見つけない。彼は色盲である。彼がイチゴの実から受け取る色彩印象は、彼がイチゴの葉から受け取る色彩印象と著しく異なるものではない。では、私の伴は緑の葉を赤と見るのだろうか。それとも彼は赤い実を緑と見るのだろうか。あるいは、これらを、私の全く知らない一つの色と見るのであろうか。これは、答えることのできない問いであり、それどころか、本来、無意味な問いである。なぜなら、「赤」という語が、もしも事物の性質を示すためではなく、私の意識に属する感官印象の特徴を示すために用いられることになっているのであれば、それは私の意識の領域においてのみ適用可能であるにすぎないからである。なぜなら、私の感官印象を他人のそれと比較することは不可能だからである。それが可能であるためには、ある人の意識に属する感官印象とほかの誰かの意識に属する感官印象とを一つの意識にまとめることが必要であろう。ところで、一つの表象をある人の意識から消し去り、それと同時に一つの表象をほかの誰かの意識に浮かび上がらせることがたとえ可能であるとしても、それが同じ表象であるかどうかという問いには、やはり答えは依然として与えられないであろう。私の意識の内容であること、これは私のあらゆる表象の本質に属することなので、他人のもつあらゆる表象は、まさしく表象として、私の表象とは異なるのである。だが、私の表象や私の全意識内容が同時に、より包括的な、たとえば神的な意識の内容である、ということはあり得ないのだろうか。確かに、それはあり得る。ただ、それは私自身が神的存在の一部であるときに限られるであろう。だがしかし、その場合にはそれは本当に私の表象であろうか。私はそれの担い手であろうか。どのみち、これは人間的認識の限界をはるかに越えているので、この可能性は考慮の外に置かなければならない。他人の表象をわれわれ自身の表象と比較することは、いずれにせよ、われわれ人間にとっては不可能である。私はそれを指の間にはさむ。私の伴も今それを、すなわち同じイチゴを見る。だが、われわれはおのおの自分自身の表象をもつ。私はイチゴの実を摘み取る。私はそれを指の間にはさむ。私の伴も今それを、すなわち同じイチゴを見る。だが、われわれはおのおの自分自身の表象をもつ。ほかの誰も私の表象をもたない。だが、多くの人々が同じものを見ることができる。ほかの誰も私の表象をもたない。私に同情してくれる人がいるかもしれない。しかし、それにもかかわらず私の痛みはやはり常に私のものであり、彼の同情は彼のものである。彼は私の痛みをもたないし、そして私は彼の同情をもたない。

第四に、あらゆる表象はひとりの担い手をもつにすぎない。ふたりの人間は同じ表象をもたない。

さもなければ、表象は、この者から独立に存続し、またあの者から独立に存続するということになるであろう。あのシノキは私の表象であろうか。私は、この問いにおいて「あのシノキ」という表現を用いることにより、もともと答えを既に先取りしているのである。なぜなら、私が目にし、また他の人々も眺め、手で触れることのできるものを、私はこの表現によって指示するつもりなのであるから。さて可能性は二つある。もしも私の意図が、「あのシノキ」という表現によって私が何かを指示しているならば、「あのシノキは私の表象である」という文において表現されている思想は明らかに否定されねばならない。しかし私の意図が達成されていないならば、実際には見ることなしに、見ると思っているにすぎないならば、したがって「あのシナノキ」という表記が空であるならば、そのときは、私は、それと知らずに、またその意志がなくして、虚構の領域へ迷い込んだのである。このときは、「あのシナノキは私の表象である」という文の内容も、「あのシナノキは私の表象ではない」という文の内容も共に真ではない。なぜなら、このとき二つの場合の私の陳述は、ともに対象を欠いているからである。だから、私はこの場合、「あのシナノキは私の表象である」という文の内容は虚構であるということを根拠にして、この問いに答えることを拒否できるにすぎないのである。もちろん、このときにもおそらく私は表象をもつであろう。だが、私は、「あのシナノキ」という語によってこの表象をさしているのではない。ところで、「あのシナノキ」という語によって自分がもっている表象の一つを実際に指示しようと思う人がいるかもしれない。その場合には、彼は、自分があの語によって指示しようと思っているものの担い手ではあろう。だが、そのときは、彼はあのシナノキを見ないであろう。そしてほかのいかなる人間もそれを見ないか、あるいはその担い手ではないであろう。

さて私は、思想は表象であるか、という問いに立ち返る。私がピタゴラスの定理において表現する思想が、私と同様、他の人々にとっても真と認めることができるものであるならば、その思想は私の意識の内容に属さないし、私はその意識の担い手ではない。そして、それにもかかわらず、私はその思想を真と認めることができるのである。しかしながら、私がピタゴラスの定理と見なすものと、誰かある人がピタゴラスの定理と見なすものが全く同じ思想でないならば、本当は「ピタゴラスの定理」と言ってはならず、むしろ「私のピタゴラスの定理」「彼のピタゴラスの定理」と言わなければならないのであり、そして、これらは異なったものであろう。なぜならば、意義は必然的に文に属するものだからである。この場合には、私の思想が私の意識の内容になるかもしれないし、彼の思想が彼の意識の内容になるかもしれない。そうだとすると、私のピタゴラスの定理の意義が真で、彼のピタゴラスの定理のそれは偽ということがあり得るのであろうか。私はこう言った。もしも「赤」という語がものの性質を示すためではなく、幾つかの私の感官印象の特徴を示すために用いられることになっているのであれば、その語は私の意識の領域においてのみ適用可能であるにすぎない、と。それゆえ、「真」および「偽」という語も、私の理解するところによれば、私がそれの担い手ではない何かにかかわるのではなく、私の意識の内容の特徴をなんらかの仕方で示すように定められているのであれば、これらの語は私の意識の領域においてのみ適用可能であるにすぎないかもしれない。このときには、真理は私の意識の内容に限定されることになろう。そして、他人の意識においても、およそ似たことが起こるかどうかは依然として疑わしいであろう。

あらゆる思想が担い手を必要とし、その担い手の意識に属するのであれば、思想はこの担い手の思想にすぎない。そして、多くの人々が携わることのできる、多くの人々に共通な科学というものは存在せず、私はおそらく私の科学を、つまり、私がそれの担い手である思想の総体をもち、また他の人は自分の科学をもつことになろう。われわれはおのおの自分の意識内容にかかわり合う。この場合には、二人の科学の間に矛盾はあり得ない。それゆえ、真理を獲得しようとして争うことは本来、無益なことである。事実、二人の人間がいて、おのおのが、各自、自分のポケットにある百マルク紙幣のことを念頭におき、また「本物」という語をそれぞれ独自のいみに理解しながら、ある百マルク紙幣が本物かどうかを争うとしたら、それが無益なことであるのと同様に、これも無益なことである。それどころか、ほとんど笑うべきことなのである。もし誰かが思想を表象とみなすならば、このとき彼が真と認めるものは、彼自身の見解によれば、彼の意識の内容であり、本来、他の人々には何の関係もないことである。そして、思想は表象ではないという見解を、彼が私から聞いたとしても、彼はそれを否定することはできないであろう。なぜなら、それは、確かに、いまや彼に何の関係もないからである。

かくして結果は、このように思われる。思想は外的世界の事物でもなければ表象でもない。第三の領域が承認されねばならない。この領域に属するものは、感官によって知覚することはできないという点で、表象と一致する。だがまたこの領域に属するものは、その人の意識内容に属するような、その担い手を必要としないという点で、外的世界の事物と一致する。それゆえ、たとえばわれわれがピタゴラスの定理において表現した思想は時間を越えて真であり、誰かある人がそれを真とみなすかどうかにかかわりなく真である。それは担い手を必要としない。それは発見された後に初めて真である、というものではない。これは、ある惑星が誰かによって発見される以前に既に他の惑星と相互に作用し合っているのと同じことである(5)。

しかしながら、奇妙な反論が聞こえるように思う。私が見るのと同じものをまた他の人々も見ることができる、と私は何度か仮定した。だが、もしすべてが夢にすぎないとしたら、どうであろうか。もしもほかの誰かを伴って散歩することを私が夢みたにすぎないとしたら、あるいは私の伴が私と同じように緑の草原を見ることを私が夢みたにすぎないとしたら、さらにこれらすべてが、私の意識という舞台の上で演じられた芝居にすぎないとしたら、およそ外的世界の事物が存在するかどうかは疑わしくなるであろう。おそらく、事物の領域は空になり、私はいかなるものも、またいかなる人間も見ないで、おそらく表象だけをもち、そして私自身がその担い手である。疲労感と同様に私から独立しては存立し得ないもの、表象は、人間ではあり得ないし、私と一緒に同じ草原を眺めることも、私が持っているイチゴを見ることもできない。私が、その中で自ら動きまわり、働いているものと推定している全環境世界の代りに、私はもともと私の内的世界をもつにすぎないということは、何といっても信じられないことである。それでもなお、私の表象であるもののみが私の考察の対象になり得る、ということがこのテーゼからの避けることのできない帰結である。もしこのテーゼが真であるなら、それから何が結論として出てくるのであろうか。そのときには他の人間は存在するのであろうか。それは既に可能であろう。だが私は彼らについて何も知ることはないであろう。なぜなら、人間は私の表象ではないし、したがって、もしわれわれのテーゼが真であるなら、人間はまた考察の対象でもあり得ないからである。そして、あるものは私にとってと同様に他人にとっても対象となり得るという、私の仮定に基づく熟考は、これによりすべて根拠がくつがえされるであろう。なぜなら、そのようなことが起こったときでさえ、私はそれについては何も知らないであろうから。私がそれの担い手であるものを、そのものの表象をもつことはできる。だが、それは私の表象ではないと判断することによって、私はそのものを区別することは私には不可能であろう。何かあるものを私の表象にしたのである。ゆえ、私の表象にしたのであり、それゆえ、私の表象にしたのである。何かあるものを私の表象にしたのであり、おそらく存在するであろう。だが、それは私には見ることのできないものであろう。このような見解によれば、重さ一〇〇キログラムの爆弾は存在するであろうか。たぶん存在するであろう。だが私は、それについて何も知ることはできないであろう。もし爆弾が私の表象であるならば、それは、われわれのテーゼによれば、重さをもたないであろう。その場合、この表象は、重さの表象をその部分表象として含む。だがこの部分表象は表象全体の性質ではない。それは、ドイツがヨーロッパの性質でないのと同様である。だから、結果としてこうなる。

私の表象であるもののみが私の考察の対象になり得るというテーゼは誤りであるか、あるいは私のすべての知識と

私の表象でないならば、それは、われわれのテーゼによれば、私の考察の対象ではあり得ないであろう。だが、もし爆弾が私の表象でないならば、それは目に見えない。なぜなら、表象は見ることができないからである。確かに私は緑の草原の表象をもつことはできる。だが、それは緑ではない。なぜなら、緑色をした表象は存在しないからである。この見解によれば、緑の草原は存在するであろう。だが私は、それについて何も知ることはできないであろう。もし爆弾が私の表象でないならば、

知覚は私の表象の領域や私の意識の舞台に限定されるかのいずれかである。この場合には私は一つの内的世界をもつにすぎず、したがって他の人々については何も知ることはないであろう。

このようなことを熟考する際に、対立が互いに正反対のものに転換してしまう有りさまは、不思議である。たとえば、感覚生理学者がいるものとする。科学的な自然研究者にふさわしく、彼が目で見、手で触れると確信しているものを自分の表象とみなすなどということは、さしあたっては彼の思いもよらぬことである。それどころか、彼は、彼の感情や表象や思考とは全く独立に存続する、彼の意識を必要としないものに関する最も確実な証拠は感官印象である、と信じる。彼は神経繊維や神経節細胞を自分の意識の内容であるとはほとんど認めず、逆に彼の意識を、どちらかといえば、神経繊維や神経節細胞に依存するものとみなす傾向がある。彼は、光線が目の中で屈折すると視神経の末端に突き当り、そこで一つの変化や刺激を惹き起こすことを確認する。ここから何かが神経繊維を通じて神経節細胞に伝えられる。神経系統においては、おそらく、さらに多くの過程がこれに引き続き、そして色彩感覚が生じる。そしてこれらが結びついて、たぶんわれわれが木の表象と呼ぶものになるのであろう。木と私の表象の間に入り込むのが、物理学的・化学的および生理学的な出来事である。だが、私の意識に直接的に連関するのは、――またそう見えるのだが――私の神経系における出来事のみである。そして木を眺める者のおのおのに特有の出来事は、各自の特有の神経系において生じるのである。ところで、光線が、私の眼に入り込む以前に鏡の表面に反射しているということはあり得るし、また今度は、鏡の後ろの場所から放射されているかのようにさらに放散するということもある。さて視神経に対する影響およびそれに続くすべての事柄は、光線が鏡の後ろの木から放射され、そして何物にも妨げられずに目に伝わる場合に起こるであろうような、まさしくそのような仕方で起こるであろう。だから、たとえそのような木が全く存在しないとしても、やはり最終的には木の表象は成立するであろう。光が屈折するだけでも、目と神経系を仲介することにより、それに対応するものが何もないような表象が成立し得るのである。だが、視神経の刺激は光によって生じることすら全く必要ではない。稲妻が近くに落ちたなら、たとえ稲妻そのものを見ることができないとしても、われわれは、炎を見ると信じるのである。この場合には、視神経は、落雷の結果としてわれわれの身体に発生する電流におそらく刺激されるのである。視神経が、炎から発生する光線によって刺激されるのと同様にこのことによって刺激されるとき、われわれは炎を見ると信じるのである。問題なのはまさしく視神経の刺激である。刺激がいかにして成立するかは、どうでもよいことなのである。

われわれはさらに一歩先へ進むことができる。この視神経の刺激は、何と言っても、本来、直接的に与えられるものではなく、一つの仮説にすぎない。われわれとは独立に存在するものが神経を刺激し、それによって感官印象を生ぜしめる、とわれわれは信じている。だが厳密に言えば、われわれは、われわれの意識に突き当たるこの過程の末端を体験するにすぎない。同じ神経刺激でさえ実際に相異なる仕方で生じることがあるように、われわれが神経刺激に還元しているこの感官印象、この感覚が、また他の原因をもつことはないのであろうか。もしもわれわれの意識において起こるものを表象と名付けるならば、われわれは本来、表象のみを体験するのであって、その原因は体験しないのである。そしてもしもあの研究者が単なる仮説をすべて避けようと思うならば、彼の許に残るのは表象だけである。つまり、彼においては、すべてが表象に解消される。彼がそこから出発した光線、神経繊維それに神経節細胞でさえ、表象に解消されるのである。かくして、彼は、ついには自分自身の構築物の土台を掘り崩すのである。すべては表象であろうか。すべてのものは、それなくしては存続しえないような担い手が必要なのであろうか。私は自分自身を、私の表象の担い手と見なしたことがある。だが私は、自分自身、表象ではないのだろうか。私にはこう思われる。あたかも私がデッキチェアに横たわっているかのように、あたかも私が一足の艶のあるブーツのつま先を見ているかのように、ズボンの前面やチョッキ、ジャケットの一部、特に袖、二本の手、何本かのひげ、それに鼻のぼんやりした輪郭を見ているかのように思われる。そして、私自身がこれらの視覚印象の全結合物であり、これらの表象の全体なのであろうか。私にはまた、そこにあたかも椅子が一脚見えているかのようにも思われる。これは表象である。実際には私は自分自身を表象からそれほどはっきりと区別しない。なぜなら、私自身が、いずれにせよ、感官印象の結合物や表象ではないのだろうか。だがいったい、これらの表象の担い手はどこにいるのか。私はどのようにしてこれらの表象の中から一つを選び出し、それを他の表象の担い手であると言明するに至るのであろうか。なぜ、この表象は、私が好んで私と名付けるところの表象でなければならないのであろうか。私が椅子と名付けたい誘惑にかられている表象を、私が、このために選んでも少しも劣るところはないのではなかろうか。だがしかし、表象の担い手はそもそも何のために必要なのだろうか。そのような担い手は、やはり、単に担われているだけの表象とは常に本質的に異なったものであり、外的な担い手など必要としない独立したものであろう。もしすべてが表象であるなら、表象の担い手は存在しない。こうして私は、今や再び対立が正反対のものに転換してしまうのを体験する。表象の担い手が存在しないならば、表象も存在しない。なぜなら、表象は担い手を必要とするし、担い手が存在しなければ表象は存在し得ないからである。君主が存在しないならば、家臣もまた存在しないのである。感覚する主体に比べて、私が感覚に対して承認しようと思っている依存性は、担い手がもはや存在しないならば、抜け落ちる。その場合には、私が表象と名付けたものは、独立した対象である。私が私と名付けるあの対象に特別の位置を与えることには、何の根拠もないのである。

だが、それはいったい可能であろうか。体験する者がいなくて、体験ということがあり得るであろうか。観客のいないこの芝居全体はいったい何であろうか。痛みをもつ者がいなくて、痛みというものがあり得るであろうか。痛みには、感覚されるということが必ずついてまわるし、そして感覚されるということには、再び、感覚する者がついてまわるのである。だがその場合には、私の表象ではなくて、しかも私の考察や私の思考の対象たり得るものが存在することになる。そして私自身がそのようなものなのである。それとも、私が私の意識内容の部分であるのに対し、ほかの部分はひょっとすると月の表象である、ということになるのであろうか。これはもしかすると、私が月を見ていると判断するときに起こることなのだろうか。そうだとすると、この最初の部分が意識をもち、そしてこの意識内容の一部が再び私自身である、等々ということになろう。私がこのように無限に自分を入れ子型にはめ込むというようなことは、やはり確かに考えられないことである。なぜなら、その場合には、もちろん、一人の私のみならず、無限に多くの私が存在することになるであろうから。私は私自身の表象ではない。そして私が自分について何かを述べるなら、たとえば、今は痛みは感じていないと述べるなら、私の判断は、私の意識内容でないもの、私の表象でないもの、つまり私自身、にかかわっているのである。それゆえ、私がそれについて何かを述べるそのものは、必然的に私の表象ではない。だが、もしかすると、次のような異議を申し立てる人がいるかもしれない。私は今は痛みはない、と私が考えるなら、やはり私の意識内容の何かが「私」という語に対応するのではないか。そしてそれは表象ではないのか、と。それはそうかもしれない。私の意識におけるある種の表象が、「私」という語の表象に結びついているかもしれない。だがこの場合には、その表象は数ある表象の中の一つであり、そして私は、他の表象の担い手であるのと同様に、この表象の担い手でもある。私は私に関する表象をもつ。しかし私はこの表象ではない。私の意識の内容や私の表象であるものと、私の思考の対象であるものとは厳密に区別すべきである。それゆえ、私の意識の内容に属するもののみが私の考察や私の思考の対象になり得るというテーゼは誤りである。

今や、他の人間をも表象の独立した担い手として承認し得るための道筋が開かれた。私は彼に関する表象をもつ。

しかし私はそれを彼自身と混同することはない。そして私が自分の兄弟について何かを述べるとき、私は、自分の兄弟についてもつ表象に関してそれを述べるのではない。

痛みをもつ患者はこの痛みの担い手である。しかし、患者を診ながら、この痛みの原因を考えている医師は、この痛みの担い手ではない。彼は、自分自身に麻酔をかけることによって、患者の痛みを和らげることができるなどと想像したりはしない。確かに、患者の痛みに対応する一つの表象が医師の意識の中にあるかもしれない。だがこれは痛みではないし、医師が根絶しようとして骨折っているものでもない。この医師はほかの医師を相談に招くかもしれない。その場合には次のことを区別すべきである。第一に、痛み。その担い手は患者である。第二に、この痛みに関する最初の医師の表象。第三に、この痛みに関する二番目の医師の表象。この表象は確かに二番目の医師の意識内容に属するが、しかし彼の熟考の対象ではない。だが、たとえばスケッチが補助手段となり得るように、これも熟考に際して、もしかすると補助手段になり得るかもしれない。二人の医師は患者の痛み——彼らはそれの担い手ではない——を、彼らの熟考の共通の対象としてもつ。このことから次のことが見てとれる。事物のみならず表象も、その表象をもっていない人々の思考の共通の対象になり得るのである。

こうして私には、事態は明白であるように思われる。もし人間が考えることができず、また自分がそれの担い手でないものを思考の対象にすることができないならば、人間はおそらく内的世界をもつであろうが、環境世界はもたないだろう。だが、これは一つの誤りに基づいているのではなかろうか。私が「私の兄弟」という語に結びつける表象には、私の表象ではない何かあるものが対応しており、そしてそのものについて私は何かを述べることができることを私は確信している。だが、この点で私は誤っていないだろうか。そのような誤りは確かに起こる。その場合には、われわれは意図に反して虚構に耽るのである。事実そうである！　環境世界を征服するために私が用いる手段によって、私は身を誤謬の危険にさらすのである。そして私はここで、私の内的世界と外的世界のいっそう広い区別に出くわすのである。私が緑の視覚印象をもつことは、私には疑うことができない。しかし私がシナノキの葉を見ていることは、それほど確実ではない。それゆえわれわれは、広く行きわたっている見解とは反対に、内的世界に確実性を見出すのであるが、一方、外的世界で遠足を行う際に、疑いがわれわれから決して完全に去るわけではない。それでもやはり、蓋然性はこの際にも、多くの場合ほとんど確実性から区別できないので、われわれはあえて外的世界に実在するものについて判断することができるのである。そしてもしもはるかに大きな危険に陥ることを欲しないならば、われわれは危険を冒してでもそれを行わねばならないのである。

これらの最後の考察の結果として、私は次のことを確認する。私の認識の対象になり得るものはすべてが表象であるとは限らない。私自身、表象の担い手として、自分自身は表象ではない。他の人間をも、私自身に似た、表象の担い手として承認することを妨げるものは今や何もない。そして、この可能性がひとたび与えられるなら、その蓋然性は非常に高い。実際その蓋然性はきわめて高いので、私の見解では、もはや確実性とは区別できないくらいである。さもなければ、歴史学は存在するであろうか。さもなければ、あらゆる倫理学や法律は倒壊してしまうのではなかろうか。宗教については何が残るであろうか。自然科学もまた、やはり、占星術や錬金術に似た虚構として評価され得るにすぎないであろう。かくして、私のほかにも人間が存在し、私と一緒に同じものを自分たちの考察や思考の対象にすることができるという仮定に基づいて私が行った熟考は、本質的な点においては依然としてその効力は弱まっていないのである。

すべてが表象であるわけではない。そういうわけで、私は思想を私から独立したものとして認めることができるし、他の人も私と同じように思想を把握することができるのである。私は、多くの人々が研究に従事できるような科学を認めることができる。われわれは、われわれの表象の担い手とは違って、思想の担い手ではない。われわれは、たとえば感官印象をもつような仕方で、思想をもつことは、ない。だがまた、たとえば星を〝見る〟ような仕方で、われわれは思想を〝理解する〟[六]こともない。それゆえ、この折に特別な表現を選択するように勧告すべきである。そしてそのような表現としてわれわれに呈示されているのが「把握する」という語である。思想を把握する[6]という行為には特殊な知的な能力や思考力が対応するにちがいない。思考する際、われわれは思想を産み出すのではなく、それを把握するのである。なぜならば、私が思想と名付けたものは、言うまでもなく真理と最も密接な関係にあるからである。私が真と認めるものについて、私は、それの真理を私が承認することとは全く独立に、さらにはそれのことを私が考えることからさえも独立に、それは真であると判断するのである。誰かがそれを思考するということは、その思想が真であることとは何のかかわりもない。自然科学者は、科学の確実な基礎づけの必要性を強く心にとどめさせようとするとき、「事実！　事実！　事実！」と大声で叫ぶ。事実とは何か。事実とは真なる思想である。しかし自然科学者は、人間の変り易い意識状態に依存するものを科学の確実な基礎とはきっと認めないであろう。科学の仕事は創造ではなく、真なる思想の発見にある。少なくとも地球上においては、まだ誰も数学的真理を認識していない、はるか昔に起きた出来事を研究する際に、天文学者はこの真理を適用することができる。彼がそれをできるのは、思想の真理が時間を超越しているからである。だから、この真理はそれが発見されたときにはじめて成立するというものではあり得ない。

　すべてが表象であるわけではない。さもないと、心理学はすべての科学を自分のうちに含むか、あるいは少なくともすべての科学に対する最高位の女性裁判官[七]になろう。さもないと心理学は論理学や数学をも支配するであろう。しかし数学を心理学に従属させることほど、数学に対する大きな誤解はほかにないであろう。論理学も数学も、個々の人間がその担い手である心や意識内容を研究することはその任務ではない。どちらかといえば、われわれはそれらの任務を、おそらく、心の研究、複数の心ではなく、心そのものの研究と位置づけることができるであろう。

思想を把握するということは、把握する者や思考する者を前提している。このとき、彼は、思考の担い手ではあるが、しかし思想の担い手ではない。思想は思考する者の意識内容に属さないが、それにもかかわらず、意識における何かが思想をほのめかすにちがいない。しかし、これは思想そのものと混同されてはならない。だからアルゴル自身もまた、誰かがアルゴルについてもつ表象とは異なるのである。（八）

思想は、表象として私の内的世界に属することはないし、また外的世界や感官によって知覚できる事物の世界にも属さない。

この結果は、上述のことからいかに説得力のあるものとして帰結しようとも、それにもかかわらず、おそらくなんの抵抗もなく受け入れられることはないであろう。私が思うに、幾人かの人々にとっては、自分の内的世界に属さないものに関する情報を獲得することは、感官知覚による以外は不可能に見えるであろう。事実、感官知覚はしばしば、内的世界に属さないすべてのものに対しての最も確実な認識源、いやそれどころか唯一の認識源と見なされるのである。だが、いかなる権利によってそう見なされるのか。感官知覚にはやはり必要な構成要素としてたぶん感官印象が含まれるのであろうし、そして感官印象は内的世界の部分である。二人の人間は、たとえ類似の感官印象をもつことがあっても、どのみち同じ感官印象はもたない。感官印象だけでは、われわれには外的世界は開示されない。ものを見ることも、それに触れることもなく、感官印象のみをもつものが、おそらく存在するであろう。視覚印象をもつことは、まだものを見ることではない。私が見ている、まさにその場所にその木が私に見える、ということはどのようにして起こるのであろうか。それは明らかに、私がもつ視覚印象と、私が二つの眼で見るということから生じる視覚印象の特殊な性質による。物理学的に言えば、二つのそれぞれの網膜の上に一つの特殊な像が成立する。誰かほかの人が同じ場所にあるその木を見る。彼もまた二つの網膜像をもつが、しかしこれは私のものとは異なる。われわれは、これらの網膜像がわれわれの印象にとって決定的なものである、ということを承認しなければならない。それによれば、われわれがもつ視覚印象は同じでないばかりか、相互に著しく異なったものである。しかもなお、われわれは同じ外的世界の中を動き回る。視覚印象をもつことは、なるほどものを見るためには必要であるが、しかし十分ではない。さらに付け加えられなければならないものは、感覚的なものではない。しかも、これこそがまさに、われわれのために外的世界を開示してくれるものなのである。なぜなら、この非感覚的なものがなければ、各人は自己の内的世界に閉じ込められたままになるであろうから。かくして、決定権は非感覚的なものにあるのだから、感官印象の協力がない場合でも、非感覚的なもののおかげで、われわれは内的世界から抜け出すことができ、また思想を把握することができるであろう。自己の内的世界の外では、われわれは、感官によって知覚可能なものの本来の外的世界と、感官によっては知覚可能でないものの領域とを区別しなければならないであろう。両方の領域を承認するためには、われわれは非感覚的なものが必要である。しかし、ものを感官によって知覚する際には、それに加えてやはり感官印象が必要であろう。そして感官印象はむろん、まるごと内的世界に属するのである。だから、ものの与えられ方を思想の与えられ方から区別するその主たる根拠は、両方の領域のいずれにも帰属させることができず、むしろ内的世界に帰属させることができる何かである。それゆえ、内的世界に属さない思想を与えることが不可能になってしまうほど、この区別は大きいものであるとは私には思われない。

もちろん、思想は、われわれがふつう〝現実的〟と呼ぶものではない。現実的なものの世界とは、このものがあのものに作用し、それを変え、そして自ら再び反作用を被り、それによって変化する、といった世界である。これらすべては時間内の出来事である。時間を超越して変わることのないものを、われわれはほとんど現実的とは認めない。ところで、思想は変化するであろうか、それとも時間を超越しているであろうか。われわれがピタゴラスの定理において表現した思想は、やはり確かに時間を超越し、永遠で、変わることはないであろう。しかし、今日は真だが半年後は偽である、というような思想も存在するのではなかろうか。たとえば、そこの木は緑の葉をつけているという思想は、半年後にはなんといっても偽ではあるまいか。いや、そういうことはない。なぜなら、それはまるで同じ思想ではないからである。「この木は緑の葉をつけている」という発語だけでは、思想を表現するには十分ではない。なぜなら、発話の時も思想の表現に含まれるからである。このようにして与えられる時間規定がなければ、われわれは完全な思想をもたない、つまりわれわれは全く思想をもたないのである。時間規定によって補完され、かつあらゆる点において完全な文のみが思想を表現する。だがこの思想は、それが真であるならば、今日あるいは明日真であるのみならず、時間を越えて真である。それゆえ、「真である」における現在は、発話者の現在を指すのではなく、もしこのような表現が許されるなら、無時間性の時称である。もし「真」という語を避けて、単なる主張文の形式を用いるならば、なんといっても二つのこと、すなわち思想の表現と主張、が区別されなければならない。たまたま文に含まれている時間規定は思想の表現に属するにすぎない。その一方、われわれは主張文の形式を用いて真理の承認を行うのであるが、当の真理は時間を越えているのである。なるほど言語は時間と共に変化するから、同じ発語が他の意義をもち、他の思想を表現することはある。だがこの場合、その変化は言語的なものにかかわるにすぎない。

が、しかしである！　それ自身影響を被ることもなければ、またわれわれに影響を及ぼすこともない、永遠に不変なるものはわれわれにとっていかなる価値をもち得るのであろうか。全体的にまたあらゆる点において不活発なものは、事実また全く非現実的でもあり、われわれにとっては存在しないものであろう。時間を超越したものでさえ、もしそれがわれわれにとって相当の重要性をもつべきものであるとするならば、なんらかの仕方で時間性とかかわり合わなくてはならないのである。思想を把握することによって、私によって決して把握されることがないような思想とは私にとっては何であろう！だが、思想、思想はいるのである。私が今日思考したのと同じ思想を私は昨日は思考しなかったということ、またこの思想は私に対してある関係にはいるのである。私が今日思考したのと同じ思想を私は昨日は思考しなかったということ、またこの思想は私に対してもちろん、これによって思想の厳密な無時間性は取り消される。だが、われわれには本質的な性質と非本質的な性質とを区別し、また何かあるものが被る変化が非本質的なものにのみかかわるものを時間を超越したものと認める傾向がある。思想の一つの性質は、その思想が思考する者によって把握されるということであるか、あるいはこのことから出てくるならば、非本質的であると呼ばれるであろう。

思想はいかなる仕方で作用するのであろうか。把握され、かつ真と見なされることによってである。これは思考する者の内的世界における出来事であるが、この出来事は意志の領域を侵害しながら、そのほかに外的世界においても目につくほどの結果をこの内的世界においてもつことがある。たとえば、われわれがピタゴラスの定理において表現する思想を私が把握するならば、その結果、私はその思想を真と認めるということになるかもしれないのである。このように、私があるの決意をしてこの定理を適用すると、大衆運動が盛りあがる、ということになるかもしれないのである。だから思想は大衆運動に対して間接的に影響を普通われわれの行為の準備は思考と判断によってなされるのである。だから思想は大衆運動に対して間接的に影響を与えることがある。人間が人間に及ぼす影響はたいてい思想によってなされる。ひとは思想を伝達する。これはどのようにして行われるのであろうか。ひとは共通の外的世界に幾つかの変化を媒介を与えることがある。人間が人間に及ぼす影響はたいてい思想によってなされる。ひとは思想を伝達する。これはどのようにして行われるのであろうか。ひとは共通の外的世界に幾つかの変化を媒介ようになるのである。しかもなおわれわれは、個々の出来事に関し思想史上の大事件は、思想の伝達以外の仕方で起こり得たであろうか。世界が何ら為すところがないように思われるところから、思想を非現実的なものと見なす傾向がある。一方、思考し、判断し、言表し、理解すること、そしてその際のすべての行為は人間にかかわることである。思想の現実性に比べると、やはりハンマーの現実性は、どれほど異なったものに見えることであろうか！ ハンマーを手渡す際の過程は思想を伝達する際の過程といかに異なっていることであろうか！ ハンマーは一つの制御範囲からもう一つ別の制御範囲に移り、握りしめられ、その際に圧力を受ける。それによってハンマーの密度やその部分の形状がところどころ変化する。思想に関しては、本来このようなことは何もない。思想は、伝達される際に、伝達者の制御範囲を離れることはない。なぜなら、人間は根本においては思想を支配できないからである。思想は、把握されることにより、さしあたり、把握する者の内的世界に変化を引き起こすにすぎない。思想自体は何といっても、その本質の核においては、このことによっては依然として手つかずである。なぜなら、思想が被る変化は非本質的な性質にかかわるにすぎないからである。自然的な出来事のいたるところでわれわれが見かけるもの、すなわち相互作用が、ここには欠けているのである。思想は必ずしも非現実的なのではないが、その現実性はものそれとは全く異質なものである。そして思想の影響は、それを思考する者の行為によって呼び起こされるのであり、それがなければ、思想を把握する限りでは、思想はなんの影響力もないであろう。しかもなお、思考する者によって把握されることなしに、真であり得る。思想は、思考する者の行為によって把握されるのではなく、少なくともわれわれが理解てこの場合には受け取らなければならない。思想は、少なくとも把握することができ、またそのことによって作用することができるならば、あるがままにも受け取らなければならない。思想は、少なくとも把握することができ、またそのことによって作用することができるならば、全く非現実的というわけではないのである。

（1）同じようないみで、人はたとえばこう言ったことがある。「判断とは、真もしくは偽なる何かである」。実際には私は「思想」という語を、おおよそ、論理学者の著作に見られる「判断」のいみに用いる。私がなぜ「思想」という語を選ぶかは、以下において認識できるようになるものと期待している。この説明においては判断は真な判断と偽な判断に分類されることになるが、そのような分類は判断に関するあらゆる可能な分類の中でおそらく最も意味のないものであるということを理由に、人々はこのような説明を非難してきた。説明と一緒に分類が与えられるということは、私には論理的な欠点とは認められない。われわれの分類の重要性に関して言うならば、私が以前に述べたように、もしも「真」という語が論理学の方向を指示するものであるならば、おそらくその重要性は何と言っても低く見てはならないであろう。

（2）　私は「文」という語を、ここでは必ずしも文法書と同じいみに用いてはいない。文法では副文も文と認める。全体から切り離された副文は、真理が問題になり得るような意義を必ずしももっていない。他方、副文が従属する複合文はそのような意義をもっている。

（3）　思想と判断の区別はこれまで十分に行われてこなかったように私には思われる。おそらく言語がそうさせるのであろう。実際、主張文には、主張という行為に対応する特定の文成分は存在せず、われわれが何かを主張しているということは、主張文という形式に含まれていることなのである。ドイツ語には、主文と副文が語の配置によって区別されるという利点がある。その際もちろん注意すべきことは、副文も一つの主張を含むことがあること、および、主文も副文もそれ自身ではしばしば完全な思想を表現せず、複合文のみが完全な思想を表現するということである。

（4）　私はここでは、自分の聴衆に水晶を見せることができる鉱物学者のような幸せな位置にいない。私は自分の読者の手に思想を渡し、それをあらゆる側面から正確に観察するようお願いするわけにはゆかない。それ自身では知覚することのできない思想を、知覚可能な言語形式に包んで読者に提供することで私は満足しなければならない。その際言語のもつ形象性が困難を惹き起こす。感覚的なものが何度も何度も入り込んで来て、表現を絵画的なものにし、その結果、本来のものでなくするのである。こうして言語との闘争が始まる。そして、これは事実ここでの私の本来の仕事ではないにもかかわらず、私はなお言語にかかわり合うことを余儀なくされるのである。私が何を〝思想〟と名付けようとしているかを私の読者に説明することに、私は成功したものと希望している。

（5）　われわれはものを見、表象をもち、思想を把握しあるいは考える。われわれが思想を把握するとき、あるいは思想を考えるとき、われわれは、思想を創り出すのではなく、あらかじめ存在していた思想に対してある種の関係に入るにすぎない。そしてこの関係は、ものを見る関係や表象をもつ関係とは異なるのである。

（6）「把握する」という表現は、「意識内容」と同様に比喩的である。言語の本質から、それ以外のことは許されない。私が手に持っているものは、確かに手の内容と見なすことができる。しかしそれは、手を構成している骨や筋肉、およびそれらの緊張状態が手の内容であるのとは全く別の、そしてはるかに異質のいみにおいて手の内容であるにすぎない。

六 否 定

文疑問(一)には、思想を真と認めるか、あるいはそれを偽として退けよ、という要求が含まれている。この要求に正しく応じ得るためには、問題になっている思想が質問の文面から疑う余地なく認識できること、および第二に、この思想が虚構に属さないこと、が必要である。私は、以下においては、これらの条件は常に満足されているものと仮定する。問い(1)に対する答えは、判断に基づく主張である。しかもこのことは、問いに対する答えが肯定であろうと否定であろうと変りない。

しかしながら、ここで疑念が生じる。もし思想が存在するのはそれが真であることによるならば、「偽なる思想」という表現は、「存在しない思想」という表現と同様、矛盾している。その場合には、「3は5より大きい、という思想」という表現は空の表現であり、したがって科学においては——引用符の間以外には——一般に用いてはならない。この場合にはわれわれは、「3が5より大きいということは誤りである」と言ってはいけないのである。文法上の主語が空なのだから。

だがわれわれは、少なくとも何かが真であるかどうかを問うことはないであろうか。われわれは、問いの内に、判断せよという要求と、問いの中の判断を要する特殊な内容とを区別することができる。私は以下においては、この特殊な内容を、単に問いの内容、あるいはそれに対応する疑問文の意義と名付けようと思う。さて、もしも思想が存在するのはそれが真であることによるとするならば、疑問文、

「3は5より大きいか」

は意義をもつであろうか。この場合には、思想が問いの内容となることはあり得ないし、またわれわれには、疑問文は一般に意義をもたないと言う傾向がある。だが、やはりきっと、われわれはただちにそれを誤りと知るようになることだろう。さて疑問文

「$\left(\frac{21}{20}\right)^{100}$ は $\sqrt[10]{10^{21}}$ より大きいか」

は意義をもつであろうか。もしもわれわれが、この問いに対する答えは肯定であるにちがいないということを発見したならば、その場合には、この疑問文は思想を意義としてもつことになるのであるから、われわれはこの疑問文を、意義をもつものとして受け入れることができるであろう。だが、この問いに対する答えが否定でなければならないとしたら、どうであろうか。その場合には、われわれの前提によれば、われわれは問いの意義として思想をもつことはないであろう。だが、いやしくも疑問文には問いが含まれているべきであるとするなら、やはり疑問文は確かになんらかの意義をもっているにちがいない。そして実際に疑問文において、われわれは何かを問うているのではないだろうか。それに対して答えを得ることは望ましいことではないのだろうか。だから、その場合には、問いの内容として思想を受け入れるべきかどうかは、答え次第なのである。ところが、疑問文の意義は、それに回答する以前に既に把握可能でなければならない。さもなければ回答は全く可能でないであろうから。それゆえ、もしも思想が存在するのはそれが真であることによるならば、質問に回答する以前に疑問文の意義として把握可能であるもの――そして、これのみが本来、疑問文の意義と呼ぶことができるのである――は思想ではあり得ない。だが、太陽が月より大きいということは真理ではないだろうか。そして真理が存在するのは、まさしくそれが真であることによるのではないだろ

うか。そうだとすると、疑問文
「太陽は月より大きいか」
の意義はやはり真であり、思想が存在するのはそれが真であることによる、と認めるべきではなかろうか。否！疑問文の意義には、それが真であることは含まれ得ない。それは質問の本質に反するであろう。問いの内容とは、判断されるべき当の事柄である。それゆえ、真であることは、質問の内容とみなすことはできない。太陽は月より大きいか否かという問いを立てるとき、私はそれによって、疑問文
「太陽は月より大きいか」
の意義を認知しているのである。ところで、かりにこの意義が思想であり、かつ思想が存在するのはそれが真であることによるならば、私は質問をすると同時にこの意義が真であることを承認することになろう。意義を把握することが同時に一つの判断をくだすことになろう。そして疑問文を発話することは同時に一つの主張となり、それゆえ、その質問に回答することになろう。だが疑問文においては、その意義を、真とも偽とも主張する必要はない。それゆえ、疑問文の意義は、それが存在するのはそれが真であることによる、というようなものではない。問いの本質により、われわれは意義を把握することを、判断することから分離しなければならない。そして疑問文の意義はまた、その問いに対する答えを述べる主張文に常に備わっているので、この分離は主張文においても遂行されねばならない。重要なことは、「思想」という語で何を理解するかである。いずれにせよ、疑問文の意義となり得るものに対する短い名称が必要である。私はそれを思想と名付ける。このことばづかいによれば、すべての思想が真であるとは限らない。それゆえ、思想が存在するのはそれが真であることによるのではない。科学的な研究においては質問を用いるのであるから、われわれはこのいみでの思想の存在を認めなければならない。なぜなら研究者は、問いに対して回答が出せ

るまでは、問いを立てることで満足しなければならない時もあるからである。問いを立てることによって、彼は思想を把握するのである。それゆえ私はこう言うこともできる。研究者は時には、思想を把握することで満足しなければならない、と。これは、たとえまだ判断ではないにしても、それでもやはり、既に目標への一歩である。だから、この語について私が述べたいみでの思想が存在しなければならない。もしかすると後になって偽であることが判明するような思想も科学においては正当な場所を占めているのであり、存在しないものとして取り扱ってはならないのである。間接証明を考えてみよ。ここでは、まさしく偽なる思想を把握することによって真理の認識が成就されるのである。教師が、「aはbに等しくない、と仮定せよ」と言う。初学者は直ちにこう思う。「何とばかげたことか！ aがbに等しいことは、私にわかっている」。彼は、文が意義をもたないことを、文において表現されている思想の偽であることと混同しているのである。

もちろん、偽なる思想からは何も推論することはできない。だが、偽なる思想は真なる思想の部分であり得るし、そして真な思想からは何かを推論することができるのである。文

「もし被告人が犯行時にローマにいたならば、彼は殺人を犯さなかったであろう(2)」

に含まれている思想は、犯行時に被告人がローマにいたかどうかも、また被告人が殺人を犯したかどうかも知らない者によって、真であると認められることがある。全体が真であると言明されるときには、その全体のうちに含まれている二つの部分思想のうち、条件も帰結も主張力を伴って発話されることはない。この場合には、判断するという行為はただ一つあるのみである。だが、思想は三つ、つまり全体の思想と条件と帰結である。部分文のうちの一つが意義をもたないならば、全体は意義をもたないであろう。このことから、文が意義をもたないかどうか、あるいは文が偽なる思想を表現するかどうかによって、どのような相違が生じるかがはっきりと見てとれる。ところで、条件と帰

結から成る思想に対しては次の法則が成り立つ。条件の正反対を帰結にし、それと同時に帰結の正反対を条件にしても真理はそこなわれない。イギリス人はこのような移行をコントラポジションと名付ける。この法則によれば、われわれは、文

「もし $\left(\frac{21}{20}\right)^{100}$ が $\sqrt[10]{10^{21}}$ より大きいならば、$\left(\frac{21}{20}\right)^{1000}$ は 10^{21} より大きい」

から、文

「もし $\left(\frac{21}{10}\right)^{1000}$ が 10^{21} より大きくないならば、$\left(\frac{21}{10}\right)^{100}$ は $\sqrt[10]{10^{21}}$ より大きくない」

に移行できる。そしてこのような移行は間接証明にとっては重要であり、これがなければ間接証明はあり得ないであろう。

ところで、最初の複合思想の条件、つまり、$\left(\frac{21}{20}\right)^{100}$ は $\sqrt[10]{10^{21}}$ より大きい、が真であるならば、二番目の複合思想の帰結、つまり、$\left(\frac{21}{20}\right)^{100}$ は $\sqrt[10]{10^{21}}$ より大きくない、は偽である。したがって、およそ肯定式から否定式へわれわれが移行することの許容性を認める者は、偽なる思想も存在するものとして承認しなければならない。さもなければ、肯定式においては帰結のみが、あるいは否定式においては条件のみが残るであろう。だがまた、これらのうちの一つがやはり存在しないものとして廃止されるであろう。

思想が存在するとは、いろいろな思考者によってその思想が同じものとして把握できることである、と理解することもできる。この場合、思想が存在しないとは次のことであろう。幾人かの思考者はおのおの、自分に特有の意義をその文に結びつけるのであるが、このとき、その意義は彼の特殊な意識内容であろうし、その結果、この文には幾人

の存在しない思想であろう。もし存在しない思想であるとするならば、たとえば、牛の結核は人間に感染するかどうかという問題をお互いに検討し、そしてついに、このような感染性は存在しないということに一致した研究者たちは、自分たちの会話の中で「この虹」という表現を用いてきた人々と同じ位置にいるようなものであろう。(二) そして研究者たちは、自分自身がそれの担い手であるような現象を各自もっていたのだから、自分たちはこの語によって何も指示していなかったのだということに、今ややっと気がつくであろう。あの研究者たちは、誤った見かけに愚弄されたものと思わねばならないだろう。なぜなら、その下においてのみ彼らの行為や談話が理性的であったはずの、その前提が満たされていないことが判明したのであろうから。つまり彼らは、自分たちが取り扱ってきた問いに対して、自分たちに共通の意義を与えていなかったのであろう。

しかしながら、それに対する真実の答えが否定であるような問いを立てることが可能でなければならない。そのような問いの内容は、私のことばづかいによれば、思想である。同じ疑問文を聞く幾人かの人々が同じ意義を把握し、それを偽と認識することが可能でなければならない。実際、もしも陪審員のおのおのが提起されている問題を同じ意義において理解できる、ということが仮定できないとしたら、陪審裁判は愚かな制度であろう。したがって、たとえその問いに対する答えが否定でなければならないとしても、疑問文の意義は、幾人かの人々によって把握することができるものである。

思想が真であるとは、それが幾人かの人々によって同じものとして把握できることであり、一方、偽なることを表現する文には幾人かの人々に共通な意義は全く存在しない、ということになったとしたならば、ほかにどのようなことが結果として出てくるのであろうか。

ある思想が真であり、かつその思想が複合思想で、そのうちの一つが偽であるならば、なるほど全体の思想は幾人かの人々によって同じものとして把握されるかもしれないが、偽なる部分思想については、そういうことはあり得ないであろう。そのような場合は起こり得る。たとえば、陪審裁判において、「もし被告人が犯行時にローマにいたならば、彼は殺人を犯さなかったであろう」と主張することは正当なことかもしれない。しかも、犯行時に被告人がローマにいたということが誤っていることがある。この場合には、陪審員たちは、「もし被告人が犯行時にローマにいたならば、彼は殺人を犯さなかったであろう」という文を聞くときには、同じ思想を把握できるのに反し、条件文に対しては陪審員のおのおのは自分自身の意義を結びつけるのであろう。これは可能であろうか。すべての陪審員に対し同じものとして現前している思想の一つの構成要素が、それらの陪審員すべてに共通でない、などということがありうるであろうか。全体が担い手を必要としないならば、その部分もまた担い手を必要としないのである。

したがって、偽なる思想は〝存在しない思想〟ではない。〝存在する〟を、〝担い手を必要としない〟のいみにとっても、このことに変りはない。偽なる思想は、たとえ真なるものとして認めることができないとしても、それでも時には、欠くことのできないものとして認められねばならない。第一には疑問文の意義として、第二には仮言的思想結合の構成要素として、そして第三には否定において。偽なる思想を否定することが可能でなければならない。そしてそれが可能であるためには、私にはその思想が必要である。存在していないものを、私は否定することはできない。しかるに、私は、私をその担い手として必要とするものを、私がそれの担い手ではなく、かつまた幾人かの人々によって同じものとして把握できるものへ、否定によって変形することはできない。

ところで、思想を否定することは、その思想を構成要素へ分解することであると見なすべきであろうか。陪審員たちは、否定的な評決を下したからといって、自分たちに提示されている問題中に表現されている思想の存立に関して立に、思想は真あるいは偽である。そしてそれが偽であるならば、それはやはりまさしく思想である。陪審員たちが評決を下した後に、思想は全く存在せず、思想の断片のみが見出されるにすぎないならば、既に評決以前に同じ状態が存在していたのである。見かけの質問においては、陪審員たちには思想は全く提示されず、思想の断片が提示されるにすぎない。彼らには、評決をくだすことができたであろうようなものは何もなかったのである。

思想の存立に関しては、われわれの判断によっては、何一つ変更を加えることはできない。われわれは、存在するものをただ承認し得るにすぎない。真なる思想は、われわれの判断によって損なわれることはあり得ないのである。真なる思想を表現する文に、われわれは、「……でない」という語をさしはさむことができる。そして、このようにして得られた文は、われわれが詳しく述べたように、思想に関係ないものは含まず、かえって仮言的複合文における条件文あるいは帰結文として完全な資格をもち得るのである。この文は偽なのだから、主張力を伴って発話しなくてもよい。だが、あの最初の思想は、この手続きによっても全く変質することはない。それは以前と同様に真である。

われわれは、偽なる思想を否定することにより、それをいくぶんか損なうことがあるのだろうか。それもありえない。なぜなら、偽なる思想はどこまでも思想であり、また真なる思想の構成要素になり得るからである。主張力を伴わずに発話された文

「3は5より大きい」

の意義は偽であるが、これに「……でない」を付け加えると、文

「3は5より大きくない」

が得られる。そしてこの文は主張力を伴って発話してもよい。ここには、思想の分解やその部分の分離を幾らかでも

感じさせるものはどこにもない。

いったい思想はどのように分解できるのであろうか。その部分相互の関係はどのようにして引き裂くことができるのであろうか。思想の世界は、文・表現・単語、それに記号の世界にそのモデルをもつ。思想の構造に対応するものは、文の、単語からの組み立て方である。ここでは、順序は一般にどうでもよくはない。それゆえ、思想の分解や破壊に対応するのは単語をずたずたに引き裂くことであるが、このことが起こるのは、たとえば、紙に書いた文をはさみで切り裂き、その結果、思想の部分を表わす表現が紙切れの一片一片に散らばっている場合である。このとき、それらの小片は随意に混ぜ合わせることができるし、あるいは風で運び去られるかもしれない。相互の関係は切り離され、もはやもとの配列を見分けることはできない。われわれが思想を否定するとき、こういうことが起こるのであろうか。否！　思想は、このようにその人形〔ひとがた〕が処刑されても、疑いなくむろん生き残るであろう。「……でない」という単語は、むしろ、そのほかの単語の配列を変えないで書きこまれる。もとの文面はやはり見分けられる。配列は勝手に変えてはならない。これは分解であろうか分離であろうか。その正反対である！　結果として生じるものは、しっかり継ぎ合わされた構造物である。

否定には、ものを分離したり分解したりする作用がないということは、とくに二重否定は肯定に等しいという法則を考察すると明白に認識できる。私は、文

「モンブラン山（三）はブロッケン山より高い」

から出発する。「……でない」を一つ書きこむと、文

「モンブラン山はブロッケン山より高くない」

が得られる。両方の文は主張力を伴わずに発話されるものとする。もう一度否定すると、たとえば文

「モンブラン山はブロッケン山より高くない、というのは真ではない」が生じるであろう。最初の否定が思想の分解を引き起こすことのないことを、われわれは既に知っている。だが、それでもやはり、最初の否定の後ではわれわれは思想の断片をもつにすぎない、と一度ぐらいは仮定してみよう。その場合にはわれわれは、二番目の否定がこれらの断片を再び結合することのできるものと仮定しなければならないであろう。それゆえ否定は、一度切り落とした手足をまた再び癒着させることのできる剣のようなものであろう。だがここで最大の注意が必要であろう。思想の部分は、最初の否定によって、確かに完全に脈絡を失い、バラバラになっているのである。

だから、否定のもつ治療力を不用意に適用すると、文

「ブロッケン山はモンブラン山より高い」

が得られやすいのである。思想が否定によって思想でなくなることはないのと同様に、思想でないものが否定によって思想になることはない。

「……でない」という単語を述語に含んでいる文も、問いの内容となり得るような思想を表現することができる。そしてこの問いは、あらゆる文疑問と同様に、答えに対するわれわれの態度決定に決着をつけないでおくのである。

ところで、いったいどのような対象が本来、否定によって分離されることになっているのであろうか。文成分はそれではないし、同様に思想のどの部分もそれではない。では、外的世界に存在するもろもろのものであろうか。これらは、われわれによる否定など全く気にかけない。否定を行う者の内的世界における表象であろうか。だが陪審員は、事情によっては自分の表象のうちのどれを分離しなければならなくなるのか、それを、いったいどこから知るのであろうか。彼に提示されている問いは、彼のうちにある表象をひとつも指示しない。そしてその上、陪審員はおのおの自ない。だが、彼に提示されている問いは、彼にひとつも指示しない。その問いは彼のうちにある表象を刺激するかもしれない。そしてその上、陪審員はおのおの自

分自身の内的世界において自分自身で分離を行うであろうし、そしてこれは評決というものではないであろう。したがって、いったい否定によって本来何が分解、分析され、あるいは分離されるのかを述べることは可能ではないように思われるのである。

否定にはものを分解したり分離したりする力があるという信念に結びついているのが、否定的な思想は肯定的な思想ほどには役に立たないという見解である。それでもやはり、否定的な思想を全く無用なものと見なすことはできない。左の推論を考えよ。

「もし被告が殺人の行われた時刻にベルリンにいなかったなら、彼は殺人を行ってはいない。しかるに被告は殺人が行われた時刻にベルリンにはいなかった。ゆえに、彼は殺人を行ってはいない。」

そして、これを次の推論と比較せよ。

「もし被告が殺人の行われた時刻にローマにいたなら、彼は殺人を行ってはいない。しかるに被告は殺人の行われた時刻にローマにいた。ゆえに、彼は殺人を行っていない。」

両方の推論は同じ形式で行われている。そして、この推論の基礎になっている推論法則を表現するとき、否定的な前提を肯定的な前提から区別する根拠は少しも事実に根ざしたものではないのである。人は肯定判断や否定判断を話題にする。カントでさえそうである。私の言い回しに翻訳するなら、人は肯定的な思想を否定的な思想から区別するのであろう。これは、少なくとも論理学にとっては全く無用な区別であり、その根拠は論理学の外に求めるべきである。論理法則をことばで表現する際に、このような名称を用いることが必要であるような、あるいはそうすることが好まれさえするような論理法則を、私は知らない。(3)およそ法則性が話題になり得るあらゆる科学においては、常に次のことが問われるべきである。この科学の法則を正確に表現するためには、どのような専門用語が必要であるか、あ

るいは少なくとも役に立つのか、と。この試練に耐えないものは悪に由来する。(四)

その上、否定判断(否定的な思想)とは何であるかを述べることは全く容易ではない。「キリストは不死である」「キリストは永遠に生きる」「キリストは不死ではない」「キリストは死すべきものである」「キリストは永遠には生きない」という文を考えてみよ。さて、ここにある思想のうち、どれが肯定的な思想であり、どれが否定的な思想であろうか。

「……でない」が述語の動詞と結びつくとき否定は思想の全体に及ぶ、と想定するのがわれわれの常である。だが否定語は、「誰も百歳以上は生きない」という文に見られるように、時おり文法的に主語の一部を形成することがある。(五)否定は文中のどこにでも登場できるし、しかもそのことによって思想が疑いの余地なく否定的なものになるようなことはないのである。「否定判断」(否定的な思想)という表現が、どれほどやっかいな問題を惹き起こすか、われわれにはわかる。最大限の洞察力をもって遂行してみても、結果は果てしのない争いであり、しかも本質的に不毛な論争かもしれないのである。それゆえ私は、あらゆる場合に否定判断を肯定判断から確実に区別できるような識別基準を手に入れるまでは、否定判断と肯定判断の区別、あるいは否定的な思想と肯定的な思想との区別を中止しておくことに賛成である。そのような徴表を手に入れた場合には、われわれはまた、そのような区別からたとえばどのような利益が期待できるかもわかるであろう。今のところ私はやはり、これがうまくいくのは疑わしいと思っている。われわれはこのような徴表を言語から取り出すことはできないであろう。なぜなら、言語は論理的な問題に関しては信頼できないからである。しかし、思考する者に対して言語が仕掛けるわなを指摘することは、全く論理学者の仕事ではない。

誤りを論駁した後に、それらが生じてきた源泉をよく考えてみることは役に立つかもしれない。このような源泉の一つは、この場合には、自分が取り扱おうとしている概念の定義を与えたいという欲求であるように私には思われる。表現に結びつける意義をできる限り明らかにしようとする努力が賞賛に値するものであることは確かである。その本質上、定義不可能であるものをどうしても区別されていない。もちろん多くの場合、これらの行為は、直ちに相次いで行われるので、一つの行為に融合してしまうように思われるが、しかし、すべての場合にそうであるとは限らない。幾年にもわたる骨の折れる研究は、思想を把握することと、それの真理を承認することとの中間に位置しよう。なぜなら、思想やその部分の相互連関が、この判断するという行為によって造り出されるものでないことは明らかである。しかしまた思想を把握することも、思想を創造することではないし、その部分の順序を造り出すことでもない。なぜなら思想は、把握される以前にあらかじめ真であり、それゆえ、その部分は既に順序よく並んでいたのであるから。山脈を踏み越える旅人が、それによってこの山脈を造り出すわけではないのと同様に、判断する主体は、思想を真と認めることによって思想を造り出すわけではない。万一彼がそれを行うのだとしたなら、

ほかの誤りがこれに結びついている。すなわち、判断する主体は判断することによって部分の相互連関や順序を造り出し、そのことによって判断を成立させるという見解である。ここでは、思想を把握することと、それの真理を承認することとが区別されていない。もちろん多くの場合、これらの行為は、直ちに相次いで行われるので、一つの行為に融合してしまうように思われるが、しかし、すべての場合にそうであるとは限らない。幾年にもわたる骨の折れる研究は、思想を把握することと、それの真理を承認することとの中間に位置しよう。なぜなら、思想やその部分の相互連関が、この判断するという行為によって造り出されるものでないことは明らかである。しかしまた思想を把握することも、思想を創造することではないし、その部分の順序を造り出すことでもない。なぜなら思想は、把握される以前にあらかじめ真であり、それゆえ、その部分は既に順序よく並んでいたのであるから。山脈を踏み越える旅人が、それによってこの山脈を造り出すわけではないのと同様に、判断する主体は、思想を真と認めることによって思想を造り出すわけではない。万一彼がそれを行うのだとしたなら、

一つは、この場合には、自分が取り扱おうとしている概念の定義を与えたいという欲求であるように私には思われる。表現に結びつける意義をできる限り明らかにしようとする努力が賞賛に値するものであることは確かである。その際に忘れてはならないのは、すべてのことが定義できるとは限らない、ということである。その本質上、定義不可能であるものをどうしても定義しようとするならば、われわれは容易に非本質的な副次的な事柄にしがみつき、そのことによって研究を初めから誤ったレールに乗せるのである。そして、判断とは何かを説明しようとして合成性ということを思いついた多くの人々に生じたことが、確かにこれなのである。判断は部分から合成されており、それらの部分は一定の順序や相互連関をもち、相互に関係している。だが、どのような全体が、この特性をもたないのであろうか。

同じ思想が、昨日はこの者によって真と認められ、今日はあの者によって真と認められる、ということはないであろう。それどころか、この思想の存在は間欠的であると仮定しない限り、同じ思想も、時が異なれば、同じ人によってすら真とは認められないであろう。

判断においてわれわれが真と承認するものを、われわれは、それの部分の間に相互連関や順序を造り出しながら、判断によって産み出すことは可能であると考えるならば、われわれにはまたそれを破壊する能力もあると信じることは容易に推測できる。破壊が建設や、順序および相互連関の創出と対立するように、否定することは判断することに対立するように見える。そして、判断することによって相互連関が構築されるのと同様に、否定することによって相互連関が引き裂かれる、とわれわれは容易に想定するにいたる。かくして、判断することと否定することは対立する一対の極のように見える。そして両者は、まさしく対として、同等であり、たとえば化学における酸化と還元に比べることができる。だが、判断することによっては、一つの相互連関も造り出されないこと、むしろわれわれが判断する以前に既に思想の部分が順序よく並んでいること、を理解するならば、すべては別の光の下に現われるであろう。繰り返し次のことが指摘されなければならない。思想を把握することはなお判断することではない。われわれは思想を真と主張することなく、それを文において表現することができる。文の述語に否定語が含まれることがある。そしてこの語の意義はその文の意義の構成要素であり、思想の構成要素である。主張力を伴わずに発話されることになっている文の述語に「……でない」という語をさしはさむことによって一つの文が得られるが、この文はもとの文と同様に一つの思想を表現する、といったことがそれである。さて、一つの思想からその正反対の思想への、このような移行を〝否定すること〟と名付けるならば、このいみでの否定することは、〝判断すること〟とは全く同等ではないし、また判断することと正反対の極にあるものとみなすこともできない。なぜなら、判断する際に常に問題なのは真理であり、それに対し、われわれは真理を問うことなく、一つの思想からその正反対の思想へ移行することができるからである。誤解を排除するために、なお次の諸点を注意しておきたい。この移行は思考する者の意識において行われる。だが、移行の起点に取られる思想も、移行の終点に取られる思想も共に、これが行われる以前に存在している。それゆえ、この心的な出来事によっては、思想の存立や相互の関係については何も変らないであろう、といったことがそれである。

判断することの対極として、怪しげに何とか存在し続けている、この否定するという行為は、おそらく、判断することと、私が思想の可能な構成要素として認めている――そして言語においては述語の構成要素としての「……でない」という語がそれに対応する――あの否定とが合体した怪奇な構成物である。怪奇というのは、この二つの要素が全く異質のものだからである。すなわち、知的な過程としての判断するという行為には、その担い手として判断する主体が必要であるが、しかし思想の構成要素としての否定は、思想そのものと同じように、担い手を必要としないし、意識内容と解釈することもできない。しかもなお、そのような怪奇な構成物という外見が、少なくとも、いかにして生じ得るのかは、全く理解できないわけではない。言語には、確かに、主張力を表わすための特別の語や特別の音節はない。主張力は、むしろ、主張文の形式にあり、これはとくに述語にはっきりと現れる。他方、「……でない」という語は述語に最も密接に結びつくのであり、われわれはそれを述語の構成要素とみることができる。かくして、「でない」という語と、主張力――むろん、これは、ことばの上では、判断することに対応する――との間に、一つの結びつきができるように見えるかもしれない。

しかし、否定することに二つの種類を区別することはめんどうである。実際、判断することの対極というものを私が導入したのは、私とは無縁の見解に私自身を順応させるためにすぎない。今や私の最初の言い回しに戻る。私が一時的に、判断することの対極と呼んでいたものを、ここでは第二種の判断とみなそうと思う。ただし、そう言ったからといって、そのような第二種のものがあることを認めているわけではない。それゆえ、私は一つの極とその対極を「判断する」という共通の名前で一括しようと思う。一つの極とその対極とは何といっても組になっているのであるから、一つにまとめることができるのである。このとき、われわれは次のように問わねばならないであろう。

問いに対する答えが肯定の場合には一方を用い、否定の場合には他方を用いるというように、判断することには、二つの異なる様式が存在するのであろうか。それとも判断することは、二つの場合同じなのであろうか。否定することは判断することの一部であろうか。それとも否定は、判断の基礎になっている思想の部分であろうか。問いに対する答えが否定である場合でも、判断することは思想の真理を承認することであろうか。この場合には、その思想は、当の問いに直接的に含まれている思想ではなく、これと正反対の思想であろう。

たとえば問いが、こうであるとしよう。「被告は自分の家に故意に火を放ったのか」。答えが否定になる場合には、その答えは、主張文として、どのように書き表わすことができるであろうか。もし否定するということに対して特殊な判断様式が存在するなら、われわれはそれに応じて特殊な主張様式をもつにちがいない。この場合には、私はたとえば「……ということは、偽である」と言い、そして、これは常に主張力と結びついていなければならない、と定める。すると、答えはおよそこうなるであろう。「被告が自分の家に故意に火を放ったということは偽である」。これに反して、判断には、もしもただ一つの様式しかないのならば、われわれは主張力を伴ってこう言うであろう。「被告は自分の家に故意に火を放ったのではない」。そしてここでは、問いにおいて表現されている思想と正反対の思想が真と言明されているのである。ここにある「……でない」という語は、この思想の表現の一部である。ところで私は、先ほど相互に比較した二つの推論のことを思い起こす。その際、最初の推論の第二前提は、「被告は殺人が行われた時刻にベルリンにいたか」という問いに対する否定の答えであり、しかも判断にはただ一つの様式しかないという場合に対してわれわれが選択した答えであった。この前提に含まれている思想は、第一前提の――しかし主張力を伴わずに発話された――条件文に含まれている。二番目の推論の第二前提は、「被告は殺人が行われた時刻にローマにいたか」という問いに対する肯定の答えであった。これらの推論は同じ推論法則に従って進行する。そしてこのことは、問いに対する答えが肯定である場合にも否定である場合にも、判断するという行為は同じであるという見解によく合う。他方、否定の場合に特殊な判断様式を否定しなければならないとしたら――語や文の領域では、その場合には、特殊な主張様式が対応するのであろうが――事態は変わることがないであろう。最初の推論の第一前提は先ほどと同様に書かれるだろう。「もし被告が殺人の行われた時刻にベルリンにいなかったならば、彼は殺人を犯してはいない」。

ここでは、「被告が殺人の行われた時刻にベルリンにいたということが偽であるならば」と言ってはならない。なぜなら、「……ということは偽である」という語は常に主張力と結びついていなければならない、と規定されているのであるから。しかし、この第一前提の真理を認めることは、そこに含まれている条件を真と認めることでもなければ、帰結を真と認めることでもない。これに反し、第二前提は今こう書かなければならない。「被告が殺人の行われた時刻にベルリンにいたということは偽である」。なぜなら、これは前提として主張力を伴って発話しなければならないからである。今度は推論は、もはや先程と同じようには行うことはできない。むしろその思想は、殺人の行われた時刻に被告はベルリンにいた、という前提の条件とはもはや合致しないからである。それでもなおわれわれがこの推論を妥当なものとして認めようと思うなら、殺人の行われた時刻に被告はベルリンにいなかったという思想が第二前提に含まれているということを、われわれはそれとともに認めていることである。被告はベルリンにいなかったという思想が第二前提に含まれているということを、われわれはこれによって、否定することを判断することから切り離し、それを「……ということは偽であるのである。

ある」の意義から抜き取り、そして否定を思想にまとめるのである。

こういうわけで、判断することには二つの異なる様式があるという仮定の下では、われわれはこの決定を価値のないものとみなすことができるであろう。判断することには二つの異なる様式があるという仮定の下では、否定はしりぞけられねばならない。だが、いったいこの決定によって何がもたらされないならば、おそらくひとはこの決定に対応する言語表現との双方における節約がこの決定によってもたらされるのか。もしも論理的な原始要素とそれに対応する言語表現との双方における節約がこの決定によってもたらされないならば、おそらくひとはこの決定を価値のないものとみなすことができるであろう。判断することには二つの異なる様式があるという仮定の下では、われわれが必要とするのは、

一　肯定する場合の主張力

二　たとえば、「偽である」という語と分ち難く結びついている、否定する場合の主張力

三　主張力を伴わずに発話される文中の、「……でない」のような否定語

である。

他方、判断には唯一つの様式しかないと仮定するなら、これに代ってわれわれが必要とするのは、

一　主張力

二　否定語

のみである。

このような節約は、分析がさらに先へ押し進められたことを常に示し、そしてその気になれば、一つの推論法則でやってゆけるのだが、さもないと、われわれにはそれが二つ必要である。一種類の判断ですますことができるなら、われわれはまた一種類でなければならない。そしてその場合には、順序や相互連関を造り出すことを一方の種類の判断に割り当て、破壊することを他方の種類の判断に割り当てる、ということはできない。

それゆえ、あらゆる思想には、次のような、それと矛盾する思想が存在する。[5] すなわちある思想は、それと矛盾する思想が真と認められることによって、偽と言明される。矛盾する思想を表現する文は、もとの思想の表現から、否定語を用いて形成される。

否定語あるいは否定音節はしばしば文の一部に、たとえば述語に、より密接につながるように見える。そしてこのことから、否定されるのは文全体の内容ではなく、この文成分の内容にすぎないという見解が生じることがある。われわれは、ある人間を称して有名でないと言い、そしてそれにより、彼は有名であるという思想を偽と言明することができる。われわれはそれを、「その人は有名ですか」という問いに対する否定的な答えと解釈することができるし、そしてこのことから、われわれはそれによって単に語の意義を否定しているのではないことを見てとることができるのである。「否定音節は文成分と結びついているのであるから、文全体の意義は否定されない」、と言うのは正しくない。それどころか、否定音節が文の一部と結びついていることによって、文全体の内容が否定されるのである。つまり、それの思想がもとの文の思想に矛盾する文が、これによって生じるのである。

否定が思想全体のうちの一部にしか及ばないことが時おりあるということは、このことによって否認すべきではない。

一つの思想に矛盾する思想は文の意義であるが、この文から、前者の思想を表現する文は容易に作成できる。それゆえ、ある思想に矛盾する思想は、その思想と否定から構成されているように思われる。私がここで言う否定は、否定するという行為のことではない。しかし、「構成されている」「成り立っている」「構成要素」「部分」という語のせいで、誤った見解をいだくことがある。もしここで〝部分〟について語るならば、やはりこれらの部分は、われわれが、一つの全体を構成するその部分に関して、ほかのところでよく見慣れているのと同じ仕方では、相互に独立してはいないのである。つまり思想は、その存立に関して補完を必要としない。思想はそれ自身において完全である。これに反し否定は、思想による補完を必要とする。もしこの表現を用いることにするならば、二つの構成要素は全く異質であり、また全く異なった仕方で全体の形成に寄与するのである。一方は補完し、他方は補完される。そしてこの補完によって、全体がしっかり結びつけられるのである。補完の必要性があることを言語においても見分けられるようにするために、「……の否定」と書くことができる。その際、「の」の前にある空白は、補完する表現をどこに書き込むべきかを示唆している。なぜなら、思想および思想の部分の領域において見られる補完という関係に対し、文および文成分の領域においては、これに似た何かが対応するからである。ちなみに、ドイツ語においては、「von（の）」という前置詞の後に名詞を続ける代りに、名詞の属格を用いることができる。そしてこれは、たいていドイツ語にはいっそう適しているのであるが、しかし補完を要する部分を示唆する表現としては適当ではない。私がどう考えているかは、例を用いればなおいっそう明らかになろう。思想

$\left(\frac{21}{20}\right)^{100}$ は $\sqrt[10]{10^{21}}$ に等しい

に矛盾する思想は、

$\left(\frac{21}{20}\right)^{100}$ は $\sqrt[10]{10^{21}}$ に等しくない

である。われわれは、その代りに、こう言い表わすこともできる。

「思想

$\left(\frac{21}{20}\right)^{100}$ は $\sqrt[10]{10^{21}}$ に等しくない

6 否定

は、思想

$$\left(\frac{21}{10}\right)^{100} \text{ は } \sqrt[10]{10^{21}} \text{ に等しい}$$

の否定である。

最初から二行目の表現を見ると、思想が、補完を要する部分とこれを補完する部分とから構成されていることがわかる。今後私はこの論文においては、「否定」という語を——たとえば、引用符の内部を除いて——常にもっぱら定冠詞と一緒に用いることにしよう。次の表現、

「3 は 5 より大きい、という思想のその否定 (die Verneinung)」

にある定冠詞「die (その)」は、この表現が特定の単一のものの指示を意図していることを示しているのである。この単一のものは、この場合は、思想である。定冠詞のおかげで、表現全体が一個の単称名や固有名の代理物になる。否定を補完するために、$\left(\frac{21}{20}\right)^{100}$ は $\sqrt[10]{10^{21}}$ に等しい、という思想の否定を用いるなら、"否定の補完" に用いることができる。否定を補完するために、$\left(\frac{21}{20}\right)^{100}$ は $\sqrt[10]{10^{21}}$ に等しい、という思想の否定を用いるなら、

かくして "思想の否定" はそれ自身思想であり、再び "否定の補完" に用いることができる。否定を補完するために、$\left(\frac{21}{20}\right)^{100}$ は $\sqrt[10]{10^{21}}$ に等しい、という思想の否定を用いるなら、「A の否定の否定」

の否定、が得られる。これは再び思想である。このような構造をもつ思想の表記は、型

「A の否定の否定」

にならって得られたものである。その際「A」は思想の表記の代理である。このような表記は、何よりもまず、部分

「……の否定」

および、

から構成されているものと考えることができる。だがまた、このような表記は、部分

「A」および

「……の否定の否定」

から形成されている、という見方も可能である。

このような見方によれば、私はまず表記の中央の部分をその下にある部分と結合し、そしてそれから、このようにして得られた結果を、その上にある部分「A」と結合する。他方、最初の見方では、中央の部分が「A」と結合され、このようにして得られた表記

「Aの否定」

が、その下にある部分

「……の否定」

と結合されるのである。表記に関する二つの異なった見方には、また、指示された(一八)思想の構造に関する二つの異なった見方が対応しているのである。

表記

「$\left(\frac{21}{20}\right)^{100}$ は $\sqrt[10]{10^{21}}$ に等しい、の否定の否定」

および、

「5は3より大きい、の否定の否定」

を比較してみると、共通の構成要素、

「……の否定の否定」

に気がつく。これは、共通の補完を要する、思想の部分の表記である。これらの部分は二つの場合、それぞれ思想によって補完される。第一の場合には、$\left(\frac{21}{20}\right)^{100}$ は $\sqrt[10]{10^{21}}$ より大きいという思想によって、第二の場合には、5は3より大きいという思想によって。この補完の結果は、二つの場合、それぞれ思想である。補完を要する共通の構成要素を、われわれは二重否定と呼ぶことができる。この例は、補完を要するものが、それ自身補完を要するものを形成するために、もう一つの補完を要するものにどのようにして融合させることができるかを示している。ここに提示されているのは、あるもの――……の否定――が自分自身に融合するという、特殊なケースである。もちろん、物質的なものの領域から取り出した比喩は、この際には役に立たない。なぜなら、物体は自分自身に融合することはありえず、その結果、自分自身とは異なったものが生じるからである。だがまた、物体がここで意図しているいみで補完を要しないことも確かである。われわれは、完全に一致する物体を組み立てることができる。そして表記の領域においてわれわれが手にするのは、この場合にも、一致である。しかるに、一致する表記に対応するものは、指示されるものの領域での同一物である。

　比喩的な表現は、慎重に用いるなら、やはり、事態の解明に多少は役に立つ。私は、補完を要するものを、上着のような衣服にたとえる。そしてこの衣服は、自力ではまっすぐに立つことはできず、まっすぐに立つためには、それを着用する者が必要である。衣服を着用している者は、それをもう一枚――たとえば、マントを一着――着ることができる。二着の衣服はまとまって一着の衣服になる。それゆえ、二通りの解釈が可能である。われわれはこう言うことができる。既に上着を着ている者が今さらに二枚目の衣服、マントを着用するか、あるいは、彼は二枚の衣服――上着とマント――から組み合わされている一着の衣服を着用する、と。これらの解釈は全く同等に正当化される。重ね着する衣服は、既に着ている衣服と一つになって、いつも一枚の新しい衣服を形造るのである。もちろんこの際に忘れてならないのは、衣服を着ることや物体を組み立てることが時間における過程であるのに対し、思想の領域においてそれらに対応するものは時間を越えているということである。

もしAが虚構に属さない思想なら、Aの否定も虚構には属さない。このとき、二つの思想、AとAの否定のうち、常に一つそして一つのみが真である。同じようにこの場合には、二つの思想、Aの否定とAの否定の否定のうち、一つそして一つのみが真である。ところで、Aの否定は真であるか、あるいは真でないかのいずれかである。第一の場合には、Aも、Aの否定の否定も真ではない。他の場合には、Aも、Aの否定の否定も真である。かくして、二つの思想――AとAの否定の否定――のうち、両方とも真であるか、あるいは両方とも真でないかのいずれかである。私はこれを次のようにも表現できる。

思想を二重否定で包んでも、その思想の真理値は変らない。

(1) 単に「問い」と書く場合、私は、ここおよび以下においては、常に文疑問を指す。

(2) この文面だけでは思想を完全には含んではいないということ、また、完全な思想を表現するのに必要な補完を、これが発話された状況から推定することができるということ、をわれわれはここで仮定しなければならない。

(3) だから私は論稿、*Der Gedanke*『思想』(Beiträge zur Philosophie des deutschen Idealismus, 1. Band, S. 58)において、「否定的な思想」という表現を用いなかったのである。否定的な思想と肯定的な思想との区別は事態を混乱させただけであろう。肯定的な思想について何かを述べ、そして否定的な思想をそれから除外するとか、あるいは否定的な思想について何かを述べ、そして肯定的な思想をそれから除外するという機会はどこにもなかったであろう。〔本書第五論文を参照―訳者〕

(4) 〝跳躍〟が、〝跳躍する〟という一つの行為であるように、〝判断〟を、〝判断する〟という一つの行為の意に解釈するならば、それが、おそらく日常のことばづかいに最もよく合致するであろう。もちろん、この場合にも困難の核心部は未解決のままである。それは今では「判断する」という語にひそんでいる。われわれはさらに進んで、判断するとは何かを真と認めることである、と言うことができる。真と認めることのできるものは、ただ思想のみである。もとの核心部は今では二つに分裂したように思われる。その一部は「思想」という語にあり、他の一部は「真」という語にある。おそらくわれわれは、ここで立ち止まらなければならないであろう。先へ先へと際限なく定義を求めて行くことはできないということについては、確かにわれわれは前もって覚悟しておかなければならない。

もし判断が一つの行為であるならば、それはある一定の時に行われるものであり、そしてそれ以後は過去に属する。行為にはまた行為者がいる。そして、もしその行為者を知らないならば、われわれはその行為を完全には知らないのである。そのような場合には、通常のいみでの総合判断について語ることはできない。二点のあいだをただ一本の直線が通るということ、このことをもし総合判断と呼ぶならば、人は「判断」を、特定の人間が特定の時間に行った行為の意に解釈しているのではなく、それの真であることを誰も承認していない場合でも時間を越えて真であるような何かと解釈しているのである。もしこのようなものを真理と名付けるならば、ことによると「総合判断」の代りに、「総合的真理」といったほうがよいかもしれない。それにもかかわらず「総合判断」という表現を好むならば、その際には「判断する」という動詞のいみは度外視しなければならない。

（5）　われわれは、「正反対の」思想と言うこともできる。

七　複合思想

言語が為し遂げる事柄は、驚嘆すべきことである。実際、言語は、わずかの音節によって、計り知れないほど多くの思想を表現できるし、それどころか、いま初めて地球上の一住人によって把握された思想に対してさえも言語表現が見出され、おかげで、この思想に初めて接するほかの者もそれを理解することができるのである。もし文成分に応じて思想の部分を区別し、その結果、文の構造を思想の構造のモデルとみなすことができる、ということがないならば、これは不可能であろう。もちろん、全体と部分の関係を思想へ移すときには、われわれは本来、比喩を使って話しをしているのである。だが、比喩は容易に心に浮かび、また全体としてよくあてはまるので、われわれは時おり生じる不一致をほとんど煩わしいとは感じないのである。

そこで、思想を単純な部分から構成されているものとみなし、また、この単純な部分にあらたに単純な文成分を対応させることにするならば、わずかな文成分から多くの多様な文が形成され、そしてふたたびこの多様な文に多くの多様な思想が対応する、ということが理解できるようになるであろう。さて、ここで容易に浮かぶ問いは、思想の構築はどのようにして行われるのか、またその際に部分は何によって結合され、その結果、全体は、ばらばらに集めた部分以上のものとなるのか、ということである。私が論稿『否定』(1)において考察した事例は、一つの思想が、補完を要する、あるいは、不飽和である、と呼ぶこともできる部分――言語の上でこれに対応するのが否定語である――と一つの思想とから構成されているように思われるケースである。否定されるものがなければ、否定はありえない。そして、このものは思想である。この思想が不飽和な部分を飽和させることによって、あるいは――こう言うこともできるのだが――補完を要する部分を補完することによって、思想の統一がもたらされるのである。そして、一般に論理的な事柄においては、常に、不飽和なものが飽和されることによって全体への結合が行われるものと思われる。(2)

さて、ここでは、そのような結合のうちの一つの特殊なケースを考察しなければならない。すなわち、二つの思想が結合されて単一の思想が形成される場合である。言語の領域においてこれに対応するのは、二つの文が結合されて、同じく文であるところの一つの全体が形成される場合である。私は、文法で言う「複合文」という語にならって、「複合思想」という表現を造るが、しかしこのことによって、あらゆる複合文は意義として複合思想をもつとか、あるいは、あらゆる複合思想は複合文の意義であるとかということを意味してはいない。私が複合思想というのは、思想から成る思想のことであるが、しかしこれは、思想だけから成り立っているとは限らない。というのは、思想は完全で飽和しており、存立し得るために補完は必要としないからである。それゆえ思想は、思想でないものによって継ぎ合わされるのでなければ、互いに固着しない。この継ぎ手は不飽和であろうと推測することができる。複合思想はそれ自身、思想でなければならない。つまり、思想は、真か偽かのいずれかであって、第三のものは存在しない、ということがあてはまるものでなければならない。

文法的には文から構成されている文でも、そのすべてが役に立つ例をわれわれに提供してくれるわけではない。なぜなら、思想を表現しないがゆえに論理学にとっては本来の文と認めることができないような文をも、文法では文と認めるからである。そのことをわれわれに示してくれるのが関係文である。なぜなら、その主文から切り離された関係文においては、関係代名詞が何を指示することになっているのか、われわれには知ることができないからである。このような文には、その真理を問うことができるような意義は存在しない。言い換えれば、切り離された関係文の意義は思想ではない。それゆえ、われわれは、主文と関係文から成る複合文に、その意義として複合思想が対応する、と期待してはならないのである。

第一種の複合思想

一つの主文と一つの主文が「かつ」によって結合されている場合が、言語的には最も簡単であるように思われる。だが、一見してそう見えるほど事態は簡単ではない。なぜなら、主張文においては二つのこと、表現されている思想と主張、を区別しなければならないからである。ここで問題なのは前者だけである。なぜなら、結合されなければならないのは、判断するという行為ではないからである。(3) それゆえ私は、「かつ」によって結合される文は主張力を伴わずに発話されるべき文であると解する。全体を問いに変形することによって、最も容易に主張力は取り除かれるであろう。なぜなら、問いにおいては、主張文の場合と同様の思想を、しかし主張しないで、表現することができるからである。そのどちらも主張力を伴って発話されてはいない二つの文を「かつ」によって結合するとき、われわれは、このようにして生じる全体の意義が思想であるか否かを問わねばならない。なぜなら、(一)二つのそれぞれの部分文のみならず、全体もまた、問いの内容となり得るような意義をもたねばならないからである。「被告はまきの山に故意に火をかけ、かつ故意に森林火災をひき起したのですか」と証人(二)たちが問われたとき、ここには二つの問いが存在するのか、それともただ一つの問いが存在するだけなのか、それが問題になる。もしまきの山に関する問いには肯定的に答え、しかし森林火災に関する問いには否定的に答えるという自由が証人(三)たちに許されているならば、ここに存在するのは、それぞれが思想を含む二つの問いである。この場合には、問われているのは、これらの二つの思想から構成されている一つの思想ではない。しかし、全体を部分的な問いに分解することなく、「然り」あるいは「否」と答えることのみが証人[四]たちに許されているにすぎないなら――そして私はここではそう仮定する――そのときには、この全体がただ一つの問いなのである。そして、まきの山に火をかけたときも、また森林火災をひき起こしたときも被告が共に故意に行った場合に限って、この問いに対して肯定的に答えることができる。他のあらゆる場合には、その問いには否定的に答えねばならない。それゆえ、被告は確かにまきの山に故意に火をかけたが、その後は、被告にはその意図がないのに、火は大きく広がり、森林を襲ったのである、と考える証人[五]がいるならば、彼はこの問いには否定的に答えねばならない。この場合には、問い全体の思想は、それを構成している二つの部分思想から区別しなければならない。この問いは二つの部分思想のほかに、それらを結合するものを含んでおり、そして、これに言語の上で対応するのが、あの「かつ」である。この語はここでは特殊な仕方で用いられている。それはここでは、本来の文の間の接続詞として考慮されるにすぎない。思想を表現する文を私は〝本来の〟文と呼ぶ。しかるに思想とは、真か偽かのいずれかであって第三のものは存在しない、ということがあてはまるようなものである。いま話題になっているこの「かつ」もまた、主張力を伴わないで発話される文のみを結合しなければならない。こう言ったからといって、判断を下す行為が除外されてはならない。だが、それが行われるときには、それは複合思想全体に関わらなければならない。ここで考察した第一種の複合物を真と言明しようと思うなら、われわれはたとえば「……ということ、および……ということは、真である」という言い回しを用いることができる。

　われわれの「かつ」は、主張文を結合するためでないのと同様に、疑問文を結合するためのものでもない。われわれの例では、証人[六]たちに出されている問いはただ一つの問いでしかない。しかし、この問いによって判断の対象にされる思想は、二つの思想が結合したものである。証人[七]は、答える際には、ただ一つの判断のみを述べなければならない。ところで、これは確かに不自然な洗練のように見えるかもしれない。最初に、「被告はまきの山に故意に火をかけたか」という問いに証人が肯定的に答え、ついで、「被告は森林火災を故意にひき起こしたか」という問いに肯定的に答えようが、あるいは、提示されている問い全体に対して一挙に肯定的に答えようが、実際には同じことではないだろうか。答えが肯定の場合には、そのように見えるかもしれない。だが、この問いに対する答えが否定である場合には、相違がいっそう明白になる。それゆえ、思想を一つの問いにおいて表現することが役に立つのである。なぜなら、その場合には、もしもわれわれが思想を正しく把握しようとするならば、問いに対する答えが肯定の場合と同様に、否定の場合も考察しなければならないからである。(八)

このようにしてその用法がよりいっそう正確に規定された「かつ」は、二重に不飽和であるように見える。それを飽和させるためには、この語の上に来る文と下に続く文とが必要である。意義の領域において「かつ」に対応するものも、また二重に不飽和でなければならない。そこが思想によって飽和されることによって、それはこれらの思想を結合するのである。(4) もちろん、単なる物としては、「かつ」という文字の集まりは、他の物と同様に不飽和ではない。(九) 意義を表現しなければならない記号としての用法に関して、われわれはそれを不飽和と呼ぶことができるのである。というのは、「かつ」はここでは、二つの文の間に置かれた場合にのみ意図された意義をもち得るにすぎないからである。これを記号として用いるという目的があるから、この語を、それの上に来る文と下に続く文によって補完することが必要なのである。不飽和であるという状態はもともとは意義の領域において生じるものであり、そしてそこから記号へ移されるのである。

もし「A」が主張力を伴わずに発話され、また問いとして発話されない本来の文であるならば、そして「B」についても同じことがあてはまるならば、「AかつB」も同じように本来の文であり、その意義は第一種の複合思想である。その代りに私はこうも言う。「AかつB」は第一種の複合思想を表現する、と。

「BかつA」が「AかつB」と同じ意義をもつことは、その意義を自覚しさえすれば、証明するまでもなく見てとれる。ここにあるのは、相異なる言語表現に同じ意義が対応する場合である。表現する記号と表現される思想とがこのように異なるのは、時間や空間内の現象と思想の世界が異なることから生じる、避けることのできない帰結である。(5)

最後に、この種の複合思想に関して妥当する推論を一つ指摘しておきたい。(6)

Aは真である。

Bは真である。ゆえに

(AかつB)は真である。

第二種の複合思想

一つの思想ともう一つの思想の第一種の複合物の否定は、それ自身、二つの同じ思想の複合物である。このようなものを私は第二種の複合思想と呼ぶ。二つの思想から成る第一種の複合思想が偽である時はいつでも、これらの思想から成る第二種の複合物は真であり、またその逆も成り立つ。第二種の複合物が偽であるのは、結合された思想のおのおのが真であるときに限る。第二種の複合思想は、結合された思想のうちの少なくとも一つが偽である時は、常に真である。この際常に前提されているのは、思想は虚構には属さないということである。第二種の複合思想を真と言明することにより、私は、結合された思想は両立しない(一〇)ものと解釈しているのである。

私は、

$\left(\frac{21}{20}\right)^{100}$ は $\sqrt[10]{10^{21}}$ より大きい

かどうかを知らなくても、また、

$\left(\frac{21}{20}\right)^{100}$ は $\sqrt[10]{10^{21}}$ より小さい

かどうかを知らなくても、それにもかかわらず、これらの二つの思想から成る第一種の複合物が偽であることを認識できる。したがって、これらの思想から成る第二種の複合物は真である。結合される思想のほかに、それらを結合するものが存在する。この結合子はここでもまた二重に不飽和である。そして、部分思想がその結合子を飽和させることによって、結合が成立するのである。

この種の複合思想を簡潔に表現するために、私は、

「非《〔〕》〔A かつ B〕」

と書く。ここで「A」と「B」は結合される思想に対応する文である。結合子は、このような表現においては、いっそうはっきりと浮き出る。それは、「A」および「B」という文字を除いて、この表現の中に存在しているあらゆるものの意義である。表現

「非〔　　かつ　　〕」

にある二つの空白は、二重の不飽和性を見せている。結合子は、この二重に不飽和な表現のもつ、二重に不飽和な意義である。これらの空白を、思想を表わす表現によって満たすと、第二種の複合思想の表現が形成される。だが、われわれは、複合思想はこのようにして生成するものである、と本来言ってはならない。なぜなら、それは思想であり、そして思想は生成するものではないからである。

第一種の複合思想においては、二つの思想は交換可能である。この交換可能性は、第一種の複合思想の否定におい

ても、かくして第二種の複合思想においても成り立っていなければならない。それゆえ、「非〔Aかつ B〕」が一つの複合思想を表現するなら、「非〔BかつA〕」も、同じ思想の同じ複合物を表現する。この交換可能性は、第一種の複合物の場合と同様にここでも、定理とみなすべきほどのものではない。なぜなら、意義の領域においては、少しも相違がないからである。それゆえ、最初の複合文の意義が真であるなら二番目の複合文の意義が真であるということは自明のことである。なぜなら、それは同じ意義だから。

ここでも推論を一つ挙げておきたい。

非〔AかつB〕は真である。

Aは真である。ゆえに

Bは偽である。

第三種の複合思想

一つの思想の否定ともう一つの思想の否定から成る第一種の複合物は、また最初の思想と二番目の思想の複合物である。私はそれを、最初の思想と二番目の思想から成る第三種の複合物と名付ける。たとえば、最初の思想を、パウルは読むことができるという思想とし、二番目の思想は、パウルは書くことができるという思想であるとしよう。このとき、これらの二つの思想から成る第三種の複合物は、パウルは読むことも書くこともできないという思想である。第三種の複合思想が真であるのは、結合された二つの思想のおのおのが偽であるときに限る。結合された思想の中の少なくとも一つが真であるなら、第三種の複合思想は偽である。第三種の複合思想においても、結合された二つの思想は交換可能である。「A」が一つの思想を表現するなら、「非A」はこの思想の否定を表現しなければならない。同

様のことが「B」にもあてはまる。そこで、もし「A」および「B」が本来の文であるなら、

「(非A)かつ(非B)」

という表現――この代りに、私は、

「AでもなくBでもない」

とも書く――の意義は、「A」および「B」によって表現される二つの思想から成る第三種の複合物である。

結合子は、ここでは、「A」および「B」という文字を除いて、それらの表現の中に存在しているあらゆるものの意義である。表現

「(非　)かつ(非　)」

あるいは、

「　でもなく　でもない」

にある二つの空白は、これらの表現が二重に不飽和であることを示唆しており、そしてこれは、結合子が二重に不飽和であることに対応しているのである。結合子が思想によって飽和されることにより、これらの思想から成る第三種の複合物が成立する。

ここでもまた推論を一つ挙げておきたい。

Aは偽である。

Bは偽である。ゆえに

(AでもなくBでもない)は真である。

カッコを用いるのは次のことを明らかにするためである。カッコの内部にあるものが全体で、それの意義が真であ

ると言明されている。

第四種の複合思想

二つの思想から成る第三種の複合物の否定は、同様に、これらの二つの思想の複合物である。このようなものは第四種の複合思想と呼ぶことができよう。二つの思想から成る第四種の複合物は、これらの思想の否定から成る第二種の複合物である。このような複合思想を真と言明するとき、われわれはそれにより、結合された思想の中の少なくとも一つが真である、と言っているのである。第四種の複合思想が偽であるのは、結合された思想のおのおのが偽であるときに限る。再び「A」および「B」が本来の文であるとき、

「非〔(非A)かつ(非B)〕」

の意義は、「A」および「B」によって表現されている思想の第四種の複合思想である。同じことが、

「非〔AでもなくBでない〕」

についてもあてはまる。われわれは、これに対し、もっと短かく、

「AまたはB」

と書く。このいみに取った「または」は、文の間に、しかも本来の文の間にのみ用いられるのである。このような複合思想を真と認めるとき、私は、結合された二つの思想が真であることを排除しない。ここにあるのは、非排反的な「または」である。結合子は、「A」および「B」を除いて、「AまたはB」の中に存在しているあらゆるものの意義である。それゆえ、

「(　　または　　)」

の意義である。「または」の上と下にあるここの二つの空白は、結合子が二重に不飽和であることを示唆している。「または」で結合された文は単に思想の表現と解釈すべきであって、個々に主張力を伴っているものと見誤ってはならない。これに反し、複合思想全体は真と認めることができる。このことは言語表現においては明白には現れない。「5は4より小さい、かまたは、5は4より大きい」という主張が行われるとき、その部分文のおのおのの言語形式は、部分文が単独に主張力を伴って発話される場合の言語形式でもある。だが一方、実際には、複合物の全体のみが真と言明されねばならないのである。

おそらく、ここで述べたような「または」という語の意義は必ずしもふだんのことばづかいに一致していないことが見出されるであろう。これに対しては、まず次のことが注意されるべきである。科学的な表現の意義を決定するにあたり、日常のことばづかいを正確に捉えることは、その任務ではあり得ない。事実、よりいっそう正確な表現の必要性が感じられる科学の目的にとっては、日常のことばづかいはたいてい不適当なのである。自然科学者に対しては、「耳(二)」という語の用法に関し、ふだんに行われているものから離れることが許されていなければならない。論理学の領域においては、附随的な思想のもつ含みがじゃまになることがある。「または」の用法について述べたところに従えば、「フリードリヒ大王はロスバッハで勝利を得たか、または、2は3より大きい」という主張は真である。それに対してこう考える者がいよう。「そんなばかな！　ロスバッハでの戦いが、2は3より大きい、などというナンセンスと何のかかわりがあるのか」と。2が3より大きい、というのは、偽ではあるが、しかしナンセンスではない。ある思想の誤りが見分け易いものであるか、それとも見分け難いものであるかは、論理学にとっては少しも重要ではない。「または」で結合された文については、一方の文の意義が他方の文の意義とかかわりをもち、また両者の間にはなんらかの類似性があるものと想定するのが常である。そして、事実また、ある与えられた場合には、おそらくそのような類似性を特定することはできるであろう。だが他の場合には、その類似性も異なるであろう。それゆえ、常に「または」と結びつき、この語の意義とみなすことのできるような意義の類似性を特定することは不可能であろう。だが、そもそも、なぜ話し手は二番目の文を付け加えるのだろうか。フリードリヒ大王がロスバッハで勝利を得たということを話し手が主張したいのであれば、それには実際に最初の文で十分であろう。また話し手が、2は3より大きい、などと言うつもりのないことは、確かに推測できる。もし話し手が最初の文で満足していたならば、彼はもっと少ないことばでもっと多くのことを語ったことであろう。それでは、このようなことばの消費は何のためであろうか。この問いもまた、われわれを付随的な思想へ引き込むだけである。話し手がまさしくこれを言ってそれを言わないことに、どのような意図や動機があるかは、現在のわれわれにとっては全く何の関係もない。われわれに関係があるのは、彼が語る事柄だけである。

最初の四種の複合思想は、結合された思想は交換可能である、という性質を互いに共有している。

ここでも、やはり一つの推論が得られる。

(AまたはB)は真である。

Aは偽である。ゆえに

Bは真である。

第五種の複合思想

一つの思想の否定ともう一つの思想から第一種の複合物を構成すると、最初の思想と二番目の思想から成る第五種の複合物が得られる。「A」が最初の思想を表現し、「B」が二番目の思想を表現するとき、

「(非A)かつB」

の意義が、そのような複合思想である。この種の複合物が真であるのは、結合された最初の思想は偽であるが、二番目の思想が真であるとき、かつこのときに限る。それゆえ、たとえば、

「(非 $3^2=2^3$)かつ($2^4=4^2$)」

によって表現されている複合思想は真である。これは、3^2は2^3に等しくなく、かつ2^4は4^2に等しい、という思想である。2^4が4^2に等しいことに気づいた後に、もしかすると、巾乗の指数と底は一般に交換可能であると推測する者がいるかもしれない。「2^4は4^2に等しいが、しかし2^3は3^2に等しくない」と言って、誰かほかの者がこの誤りを防ごうと努力するかもしれない。ところで、「かつ」に接合する場合と「しかし」に接合する場合とではどのような相違があるのかと問われたならば、次のように答えることができる。私が思想あるいは文の意義と呼んできたものにとっては、「かつ」という言い回しを選ぶか、あるいは「しかし」という言い回しを選ぶかは全くどうでもよいことである。相違が生じるのは、私が思想の陰影[7]と呼ぶものにおいてのことにすぎないし、そしてそれは論理学の領域には属さないのである。

第五種の複合思想における結合子は、二重に補完を要する表現

「(非　)かつ　」

の二重に補完を要する意義である。結合された思想は、この場合は交換可能ではない。なぜなら、

「(非B)かつA」

は、

「(非A)かつB」

と同じことを表現しないからである。複合物における最初の思想の位置は、二番目の思想の位置と同じ種類のものではない。あえて新しいことばを造り出す気になれないので、私は「位置」という語を比喩的に用いざるを得ない。書かれた思想の表現について語る場合には、ひとは「位置」を通常の空間的ないみにとるであろう。思想の表現における位置に対しては、思想そのものにおける何かが対応していなければならず、そしてこのもののために、私は「位置」という語を取って置くのである。ここでは思想の位置を単純に入れ替えることはできない。しかし、二番目の思想の否定を最初の思想の位置に置き、同時に最初の思想の否定を二番目の思想の位置に置くことができる。もちろん、この場合も控え目に理解しなければならない。なぜなら、時空間内での操作が意図されているわけではないのだから。

かくして、

「(非A)かつB」

から、

「(非(非B))かつ(非A)」

が得られる。しかるに、「非(非B)」は「B」と同じ意義をもつので、

「Bかつ(非A)」

が得られる。そして、これは、

「(非A)かつB」

と同じことを表現する。

第六種の複合表現

一つの思想ともう一つの思想から成る第五種の複合物の否定が、一番目の思想と二番目の思想から成る第六種の複合物である。われわれはこう言うこともできる。一番目の思想の否定と二番目の思想から成る第二種の複合物が、一番目の思想と二番目の思想から成る第六種の複合物である。一番目の思想と二番目の思想から成る第五種の複合物が真であるのは、一番目の思想は偽であるが、二番目の思想が真であるとき、かつこのときに限る。その結果、一番目の思想と二番目の思想から成る第六種の複合物が偽であるのは、一番目の思想は偽であるが二番目の思想が真であるとき、かつこのときに限る。それゆえ、このような複合思想は、一番目の思想が真であれば、二番目の思想が真であるか偽であるかにかかわりなく真である。またこのような複合思想は、二番目の思想が偽であれば、一番目の思想が真であるか偽であるかにかかわりなく真である。

私は、

$\left(\left(\frac{21}{20}\right)^{100}\right)^2$ は 2^2 より大きい

かどうかを知らなくても、また、

$\left(\frac{21}{20}\right)^{100}$ は2より大きい

かどうかを知らなくても、それにもかかわらず、一番目の思想と二番目の思想から成る第六種の複合物が真であることを認識することができる。一番目の思想の否定と二番目の思想とは互いに他を排除する。われわれはこれを次のように述べることができる。

「$\left(\frac{21}{20}\right)^{100}$が2より大きいならば、

$\left(\left(\frac{21}{20}\right)^{100}\right)^2$は$2^2$より大きい。」

「第六種の複合思想」の代りに、私は「仮言的複合思想」とも言い、一番目の思想を、仮言的複合思想の「帰結」、二番目の思想を「条件」と呼ぶ。それゆえ、帰結が真であるならば、仮言的複合思想は真である。また、条件が偽であるなら、帰結が真であるか偽であるかにかかわりなく仮言的複合思想は真である。しかしながら、帰結は常に思想でなければならない。

再び「A」および「B」を本来の文とする。このとき、

「非(（非A）かつB)」

は、「A」の意義（思想内容）を帰結、「B」の意義を条件とする仮言的複合物を表現する。これの代りにわれわれは、

「BならばA」

と書くこともできる。もちろん、ここで疑念が生じるかもしれない。おそらくひとは、ふだんのことばづかいがこれによっては正確に捉えられていない、と思うことだろう。これに対しては、科学にはそれに固有のことばづかいが許されねばならないこと、そしてそれは必ずしも日常の言語に屈するには及ばないこと、を繰り返し強調しなければならない。私はまさしく次の点に哲学にとっての最大の困難を見てとるのである。目の前にある道具、つまり日常の言語は哲学の仕事にとってはほとんど役に立たず、この言語の形成には、哲学の要求とは全く異なった要求が与っている。だから論理学もまた、まず第一に、既に手にしているものから、使用可能な道具をきちんと造り上げることを余儀なくされるのである。この仕事にとっても、論理学が当初見出すものは、ほとんど役に立たない道具ばかりである。

多くの人々は、文

「2が3より大きいならば4は素数である」

をきっとナンセンスと解釈するであろう。しかもなお、私の規約によれば、この文は真である。なぜなら、条件が偽なのだから。偽であることは、なおナンセンスであることではない。われわれは、

$\sqrt[10]{10^{21}}$ は $\left(\frac{21}{20}\right)^{100}$ より大きい

かどうかを知らなくても、

$\sqrt[10]{10^{21}}$ が $\left(\frac{21}{20}\right)^{100}$ より大きいならば、

$(\sqrt[10]{10^{21}})^2$ は $\left(\left(\frac{21}{20}\right)^{100}\right)^2$ より大きい

ということを認識することができる。そしてこのことを誰もナンセンスとは見ないであろう。ところで、

$\sqrt[10]{10^{21}}$ は $\left(\frac{21}{20}\right)^{100}$ より大きい

ということは偽である。そして同様に、

$(\sqrt[10]{10^{21}})^2$ は $\left(\left(\frac{21}{20}\right)^{100}\right)^2$ より大きい

ということは偽である。2は3より大きいというのが誤りであることは容易に理解できるが、もしもそれと同様に容易にこのことも理解できるならば、この例における仮言的な複合思想も、前の例におけるそれと同様にナンセンスに

見えることであろう。ある思想の誤りがいっそう理解し易いものであるか、それともいっそう理解し難いものであるかどうかは、論理的な考察にとっては少しも重要ではない。なぜなら、この相違は心理的な相違であるから。

複合文

「今日卵を産んだ雄鶏を私が飼っているならば、明日の朝早くケルン大聖堂が倒壊するだろう」において表現されている思想もまた真である。おそらくこう言う者もいよう。「だが、ここでは条件と帰結の間には全く何の内的な関連もない」と。ところで、私の説明においては、私はそのような関連は求めなかった。そして私は、

「BならばA」を、私が述べたこと、および

(三)
「非(（非A）かつB)」

という形式において私が表現したことのいみに解釈するよう願うのみである。仮言的複合思想に関することの解釈は、当初は、奇妙に思われるであろう。日常のことばづかいを正確に捉えることは、私の説明に際しては重要なことではない。このことばづかいは、論理学の目的にとっては、たいてい、余りにも漠然としており、余りにも不確かである。あらゆる種類の問題がここに押し寄せてくる。たとえば、原因と結果の関係、「BならばA」という形式の文を発話する話し手の意図、その内容を彼が真とみなす根拠、などがそれである。そのようなヒントに関して、話し手はおそらくヒントを与えるであろう。聞き手の心に浮かぶおよそこのような問いに関して、話し手はおそらくヒントを与えるであろう。ここでの私の課題は、附属品と名付けた複合物――を取り出すことである。日常の言語においてしばしば思想にまつわりつく附属品の一部である。私が仮言的な複合思想に関する話し手が仮言的な複合思想と名付けた複合物――私が仮言的な複合思想に関する洞察が、何重にも複合した思想の考察に対する基礎でなければならない。二つの思想を複合した思想の構造に関する洞察が、何重にも複合した思想の考察に対する基礎でなければならない。二つの思想を複合した思想から成る複合物――私が仮言的な複合思想と名付けた複合物――を取り出すことにより、論理的な核として、

私が「BならばA」という表現について述べたことは、この形式をもつあらゆる複合文は仮言的な複合思想を表現

する、といういみに解釈されてはならない。もし「A」がそれだけでは思想の完全な表現ではなく、したがって本来の文でないならば、あるいは「B」がそれだけでは本来の文でないならば、事情は異なるのである。複合文

「もし誰かが殺人者であるならば、彼は犯罪者である」

において、条件文も帰結文も、それだけを取ってみれば、思想を表現してはいない。文脈から切り離された文「彼は犯罪者である」において表現されていることが真であるか偽であるかは、ほかにヒントがなければ、われわれは決定できない。なぜなら、「彼」という語は固有名ではなく、文脈から切り離された文においては、ほかにヒントがなければ何ものをも指示しないからである。したがって、われわれの帰結文は思想を表現しておらず、それゆえ、本来の文ではない。同じことがわれわれの条件文にもあてはまる。なぜなら、条件文は、同じように何ものをも指示しない構成要素――「誰か」――を含んでいるからである。それにもかかわらず、この複合文は思想を表現することができる。この「誰か」とその「彼」は互いに照合しあう。このことと、この「――ならば――」とによって二つの複合思想のうちに三つの思想を区別することができる。他方われわれは、仮言的な複合思想互いに結びつき、その結果、一体となって一つの思想を表現するのである。他方われわれは、仮言的な複合思想のうちに三つの思想を区別することができる。すなわち、条件、帰結およびこの二つを複合した思想である。かくして、複合文は必ずしも複合思想を表現するとは限らない。そして、

「BならばA」

という形式の複合文に関して現れる、この二つのケースを区別することはきわめて重要なことである。

ここでも私は推論を一つ添える。

〔BならばA〕は真である。

Bは真である。ゆえに、

Aは真である。

仮言的な複合思想の特殊性は、おそらくこの推論において最も明瞭に浮き出る。なお次の推論様式も注目に値する。

「CならばB」は真である。
「BならばA」は真である。ゆえに、
「CならばA」は真である。

ここで、誤解を招きやすい話し方について触れたい。幾多の数学の著述家たちは、その真理がなお疑わしい思想から、あたかもわれわれが帰結を引き出すことができるかの如く述べている。「私はAをBから推論する」とか、あるいは、「私はBからAの真であることを結論として導く」と言うとき、われわれはBを、その推論の前提の一つに、あるいは唯一の前提に取る。しかしわれわれは、一つの思想を真と承認する以前に、それを推論の前提として用いることはできないし、またそれから何も推論することもできない。結論を導くこともできない。それにもかかわらず、これが可能であると考える者がいるならば、彼は、仮言的な複合思想の真理の承認を、この複合物の条件を前提とする推論と混同しているように思われる。ところで、

「CならばA」

の意義が真であることの承認は、上に与えた例で見たように、確かに推論に基づくことがある。そしてその際には、「C」において表現されている思想は決してあのCが真であるかどうか疑わしいことがある。しかしその場合には、「C」において表現されている思想は決してあの推論の前提ではない。そうではなく、前提は、文

「CならばB」

の意義であった。もし「C」の思想内容が推論の前提であるなら、その思想内容は推論の帰結には現れないであろう。なぜなら、その点にまさしく推論の効能が存するからである。

第五種の複合思想においては、全体の意義を変えることなく、一番目の思想を二番目の思想の否定によって置き換え、同時に二番目の思想を一番目の思想の否定によって置き換えることができることを見た。ところで、第六種の複合思想は第五種の複合思想の否定であるから、第六種の複合思想についても同じことがあてはまる。すなわち、仮言的な複合物においては、意義を変えることなく、条件を帰結の否定によって置き換え、同時に帰結を条件の否定によって置き換えることができる。——肯定式から否定式への移行——対偶である。

六箇の複合思想の一覧表

一　AかつB	二　非(AかつB)
三　(非A)かつ(非B)	四　非((非A)かつ(非B))
五　(非A)かつB	六　非((非A)かつB)

まず心に浮かぶのは、

Aかつ(非B)

を追加することである。しかし、

「Aかつ(非B)」

の意義は、本来の文である、いかなる「A」および「B」に対しても、

「(非B)かつA」

の意義と同じである。ところで、

「(非B)かつA」

は、

「(非A)かつB」

と同じ形式をもつので、これによっては新しいことは何も得られず、再び第五種の複合思想の表現を得るにすぎない。また、

「非(Aかつ(非B))」

には再び第六種の複合思想の表現が見られる。このように、われわれの六種類の複合思想は完結した全体を形成しているのである。そしてこの点に関して、第一種の複合物と否定が原始要素であるように思われる。これによれば第一種の複合物が他の複合物より優位にあるように見えるが、しかしこの優位さは、心理学者にとってどれほど受け容れることのできるものであっても、論理的には正当化されない。なぜなら、六種類の複合思想のうちから任意に一つを基礎に取り、そして否定を用いてそれから他の複合物を導き出すことができるからである。その結果、論理学にとっては、六種類のすべてが同等の権利をもっているのである。たとえば、仮言的な複合物

BならばC

あるいは、

非((非C)かつB)

から出発し、そして「C」に「非A」を代入すると、

Bならば非A

あるいは、

非(AかつB)

が得られる。全体を否定すると、

非(Bならば非A)

あるいは、

AかつB

が生じる。それゆえ、

「非(Bならば非A)」(一四)

は、

「AかつB」(一五)

と同じことを述べている。こうして第一種の複合物が仮言的な複合物と否定に還元されたのである。そして第一種の複合物と否定から残りの複合思想を導き出すことができるのであるから、われわれの六種類のすべての複合思想は事実また仮言的な複合物と否定から導き出すことができるのである。第一種の複合思想と第六種の複合思想について言われたことは、一般にわれわれの六種類の複合思想に対してあてはまる。その結果、これらの種類のうち一つとして、他の種類にまさるということはない。それらのうちのおのおのが、他のものを導き出すための基礎として役立ち得るのである。どれを選ぶかは論理的な事態によって決定されはしない。

似たようなことが幾何学の基礎づけにおいても存在する。一方の幾何学の幾つかの定理が他方の幾何学の公理とし

さて、相異なる思想ではなく、むしろ一つの思想が自分自身と結合されるケースを考察しよう。再び「A」が本来の文であるとき、

「AかつA」

は「A」と同じ思想を表現する。前者は後者以上のことも、また以下のことも述べない。したがって、

「非A」

は「非(AかつA)」

と同じことを表現する。同様に、

「非(非A)」

は「A」と同じことを表現する。ところで、

「非(非A)かつ(非A)」

も、「非(非A)かつ(非A)」

も、「非A」と同じことを表現する。したがって、

「(非A)かつ(非A)」

も、「非A」と同じことを表現するか、あるいは「A」と同じことを表現する。ところで、

「AまたはA」

は第四種の複合物を表現する。われわれはこれの代りに、

「AかつA」

とも言う。したがって、

て現れ、他方の幾何学の幾つかの定理が一方の幾何学の公理として現れるというような、二つの相異なる幾何学を構築することができるのである。

のみならず、

「AまたはA」

も、「A」と同じ意義をもつ。

第五種の複合物に際しては、事情は異なる。

「〔(非A)かつA〕」

によって表現されている複合思想は偽である。なぜなら、一方が他方の否定であるような二つの思想のうち、一つは常に偽であるから。その結果、これらの思想から成る第一種の複合物もまた偽である。それゆえに、一つの思想とそれ自身から成る第六種の複合物、つまり、

「非〔(非A)かつA〕」

によって表現される複合物は、「A」が本来の文であるとき、真である。われわれはこの複合思想を、

「AならばA」

ということばで再現することができる。たとえば、「モンブラン山がブロッケン山より高いならばモンブラン山はブロッケン山より高い」。

このような場合にまず心に浮かぶ問いがある。「この文は思想を表現するであろうか。これは内容をもたないのではなかろうか。これを聞いたとき、われわれはいったい何か新しいことを知るであろうか」。ところで、これを聞く以前には、もしかすると人はこの真理を全く知らず、したがって、この真理を承認することもないかもしれない。しかし事情によっては、われわれは、その程度には、自分にとって新しいことをこれによって知ることができるのである。モンブラン山がブロッケン山より高いならば、モンブラン山がブロッケン山より高いということは、やはり否定

できない真理である。思想のみが真であり得るので、この複合文は思想を表現しなければならない。それから、見かけはナンセンスに思われるかもしれないが、この思想の否定もまた思想である、主張することなしに表現することができる、ということを常に心にとめておかなければならない。われわれは思想を、主張力を伴って発話することができる、としても、実際にはやはりばかげたことに見えることがある。なぜなら、論理法則が真であることは、ナンセンスではないとしても、実際にはやはりばかげたことに見えることがある。なぜなら、論理法則が真であることは、ナンセンスではないと考える、その主張力によるにすぎない。だが、ある文を主張力を伴わずに発話する者は、その内容を真と言明するためにそうするのであり、などといったい誰が言うであろうか。おそらく、まさにその正反対の意図をもって、彼はそうするのである。

このことは一般化することができる。「O」を、ある論理法則の特殊な場合を表現しているが、真とは言明されていない文とする。このとき、「非O」はナンセンスに思われやすいのであるが、それは、われわれがこの文を主張力を伴って発話されたものと考えるからにすぎない。論理法則に矛盾する思想を主張することは、ナンセンスではないとしても、実際にはやはりばかげたことに見えることがある。なぜなら、論理法則が真であることは、それ自身から、その表現の意義から、直ちに明らかだからである。だが、論理法則に矛盾する思想の表現は許されてよい。なぜなら、「O」自身はほとんど内容をもたないように見える。しかしながら、「O」を主張力を伴わずに発話することができるからである。それゆえ、あらゆる複合思想は、それ自身が思想なので、他の思想と結びつくことができる。それゆえ、

「（AかつB）かつC」

によって表現されている複合物は、

「AかつB」および「C」

によって表現されている思想から構成されている。だが、われわれは、それを、

「A」「B」「C」

によって表現されている思想から構成されていると解釈することもできる。このようにして、三つの思想を含む複合思想が生じ得るのである。(9) 三つの思想から成る複合物の他の例は、

「非〔(非A)かつ(Bかつ C)〕」

および、

「非〔(非A)かつ(非B)かつ(非C)〕」

において表現されている。こうして、四つの思想、五つの思想、あるいはさらに多くの思想を含む複合思想の例も見出すことができるであろう。

すべてのこのような複合物を形成するには、第一種の複合思想と否定で十分である。そしてその際、第一種の複合思想の代りに、われわれの六箇の複合思想のなかのほかのどれでも選ぶことができる。ところで、あらゆる複合思想がこのようにして形成されるのかどうかという問いが、心にしきりに浮かんでくる。数学に関して言えば、私は、これ以外の仕方で形成される複合思想は数学には現れないと確信している。物理学や化学それに天文学においても、事情はほとんど変らないであろう。だが目的を表わす文節には注意を要するし、より正確な研究が必要であるように思われる。私はここでは、この問いは未解決のままにして置く。なにはともあれ、このようにして第一種の複合物から否定を用いて形成された複合思想は特別に命名するに値するように思われる。それらは数学的な複合思想と呼ぶことができよう。こう言ったからと言って、これ以外の他の複合思想が存在する、と言おうとしているのではない。数学的な複合思想はやはり他の点でも同質であるように思われる。すなわち、このような複合思想において、一つの真な思想をもう一つの真な思想によって置き換えるとき、そのようにして形成された複合思想は、もとの複合物が真であ

るか偽であるかに応じて、真もしくは偽である。同じことは、一つの数学的な複合思想において、一つの偽な思想をもう一つの偽な思想によって置き換えるときにもあてはまる。さて、二つの思想は共に真であるか、あるいは共に偽であるとき、私は、それらは同じ真理値をもつ、と言おうと思う。それゆえ、

「AかつB」

あるいは、

「(非A)かつ(非B)」

が真な思想を表現するなら、「A」によって表現されている思想は「B」によって表現されている思想と同じ真理値をもつ、と私は言う。このことが確認されたからには、われわれのテーゼは次のように言い表わすことができる。

「ある数学的な複合思想において、一つの思想を、それと同じ真理値をもつもう一つの思想によって置き換えるとき、このようにして得られた複合思想はもとの複合思想と同じ真理値をもつ。」

(1) 本誌第一巻、一四三ページ。〔本書第六論文を参照―訳者〕
(2) ここでは、以下の場合と同様に、この飽和や結合は時間的な出来事でないことを常にしっかり心に留めておかなければならない。
(3) 論理学者はしばしば「判断」を、私が〝思想〟と名付けているものの意に解釈しているように思われる。私のことばづかいでは、一つの思想を真と認めることによって、われわれは判断するのである。この承認という行為を私は判断と呼ぶ。判断は、主張力を伴って発話された文によって表明される。しかしわれわれは、思想を真と認めることなく、すなわち、判断することなく、思想を把握し表現することができるのである。
(4) 三七ページ参照。〔本書一六〇ページ参照―訳者〕

（5） この種の他のケースは、「AかつA」が「A」と同じ意義をもつという場合である。
（6） 「Aは真である」と書くとき、私が意味していることは、より正確には、「A」という文において表現されている思想は真である」ということである。類似の場合も同様である。
（7） 本誌第一巻に掲載されている論稿『思想』六三ページ参照。〔本書一〇六ページ以下を参照―訳者〕
（8） より正確には、「C」によって表現されている思想が真であるかどうか。
（9） この生成は時間的な出来事と解釈してはならない。

訳　注

一　関数と概念

(一) 訳者まえがきに記したように、本稿は元来が講演なので、ここでも、そのことを考慮して、「であります」調に訳出した。

(二) フレーゲは、〝概念記法 Begriffsschrift〟という語を、三通りの仕方で用いているといわれる。第一は、一八七九年に出版された彼の最初の著書 BS(巻末のフレーゲ著作目録を参照)を指す場合。第二は、一般に彼の記号体系を指す場合。さらに第三は、彼の記号体系と類似の記号体系一般を指す場合である。ここでは、明らかに第一の意味で用いられている。

(三) 「ただ一つのアーギュメントをもつ関数 Funktionen eines einzigen Arguments」は、普通は、「一変数の関数」と呼ばれるものであるが、フレーゲは「変数」という言葉を好まないので、ここでも彼の考え方を尊重して、「アーギュメント」と訳出する。なお、詳しいことは、本書の第四論文『関数とは何か』を参照。

(四) フレーゲが〝算術 Arithmetik〟と呼ぶものは、今日の言葉で言えば、数論と解析学を含むものである。

(五) ここで言われている〝形式理論〟は、数学基礎論におけるヒルベルトの形式主義とは異なる。

(六) 「芳香を放つすみれ」という言葉とそのラテン語の表現である「ウィオラ・オドラータ viola odorata」とでは、明らかに、その読み、つまり音は異なるが、しかし両者はともに、同じスミレをさす。このいみで、「芳香を放つすみれ」と「ウィオラ・オドラータ」は、同一の対象の、あるいは、同一の対象を意味する、異なった名前なのである。この種の例は、いたる所で見られよう。たとえば、「百日紅」と「さるすべり」などがそれである。

(七) ここに「示唆する」と訳出したドイツ語 „andeuten“ は、訳註(一二)で取上げる „Bedeutung“(「意味」)の動詞形 „bedeuten“ ——本書では「意味する」と訳す——と対照的に用いられる。すなわち、„bedeuten“ が特定の事物をさすのに対して、„andeuten“ は不特定の仕方で事物をさす。しかし、フレーゲによれば、不特定の事物は存在しないから、„andeuten“ は不特定の事物をさすのではない。なお、詳しくは、本書の第四論文『関数とは何か』を参照。

(八) ここでいう〝思想〟は、もちろん〝哲学思想〟などというときの〝思想〟ではなく、訳注(一二)で述べる「表現の意義」の一例である。すなわち、文の意義としての思想である。詳しくは、本書の第二論文を参照。

(九) 一見したところ意味をもつように見えながら、実際には意味をもたないために、対象とのかかわりをもたない記号を、簡単に空記号という。次の本文で挙げられている「発散する無限級数」がその一例である。

(一〇) 式の部分を横にして眺めると、つまり本書を横にして読むと、式の前に書かれている棒線が水平な線になる。水平な線というのはこのいみである。後に出てくる垂直な線の場合も同様である。

(一一) たとえば『概念記法』§2に、「内容線」という表現が見られる。

(一二) これまでの叙述から明らかなことと思うが、念のために注しておくなら、「5>4」は真という真理値の表現であり、「1+3=5」は偽という真理値の表現である。

(一三) 訳注(一〇)を参照。

(一四) 文字通り、「……なるものが存在する」という文を、存在文という。したがって、直前の三つの文章は、いずれも存在文である。これを一般にどのような形式に記号化するかが、ここの問題なのであるが、既に三つの例によって解答は与えられている。それが次の本文である。

(一五) 水平な線、垂直な線というのは、訳注(一〇)で述べたように、この式を横にして、つまり本文全体を横にして眺めた場合のことである。

(一六) 二つのアーギュメントのうち、たとえば、一つが対象で、もう一つが関数である場合、その関数は、アーギュメントに関して階を異にする関数、すなわち異階の関数であるという。これに対し、二つのアーギュメントが共に対象である場合、その関数は、アーギュメントに関して階を同じくする関数、すなわち同階の関数であるというのは自明に等しい。しかし、二つのアーギュメントが共に関数であるからといって、そのようなアーギュメントをもつ関数は、同階の関数であるとは限らない。それはまさしく、そのアーギュメント、つまり二つの関数、が同階であるか否かによるのである。なお、関数が同階であるか否かということと、関数が一階であるか否かということは、本質的に全く別のことである。

(一七) 「関数の研究が」の部分は原文にないが、仏訳 ELP, p. 100 に従って、訳者が補ったものである。

(一八) たとえば、GGA I, §§ 25, 34-37 を参照。
(一九) この講演は『概念記法の応用 Anwendung der Begriffsschrift』と題するもので、BuA に再録されている。なお、原典の考証については、BuA の一二三ページ Über den Zweck der Begriffsschrift』および NS 第二版、三〇四ページ参照。
(二〇) これは『概念記法の目的について Über den Zweck der Begriffsschrift』と題する講演で、BuA に再録されている。なお、原典の考証については、BuA の一二三―一二四ページ参照。
(二一) この日フレーゲが行った講演は、『算術の形式理論について Über formale Theorie der Arithmetik』と題するもので、論文集 KS に再録されている。
(二二) それぞれ「意義」および「意味」と訳出したドイツ語 „Sinn" および „Bedeutung" は、フレーゲの言語思想を理解する上での文字通りのキー・ワードである。これらの語によって彼が正確には何を意味しているかは、本書の第二論文『意義と意味について』において詳しく述べられているので、ここでは、最小限の説明を与えるにとどめる。
一般に、表現の"字義"というとき、われわれは、その表現の"字義"通りの意味をさすか、あるいは具体的な状況においてその表現が実際に"意味している事柄"をさすかのいずれかである。フレーゲの „Sinn" は、どちらかと言えば前者のいみに近いので、われわれはそれを「意義」と訳し、„Bedeutung" に「意味」の訳語をあてる。表現の意義および意味がより具体的に何であるかは、表現の種類、つまりそれが名前であるか、述語であるか、さらに文であるかによって異なる。なおフレーゲにとっては、あらゆる記号に一定の意義が対応し、そしてこの意義に一定の意味が対応するというのが、表現とその意義および意味の間の "規則正しい" 関係である。

二　意義と意味について

(一) これは具体的には、一八七九年の著書『概念記法』をさすものと思われる。
(二) ここで「その命題」というのは、二行前の、「a と b の交点は b と c の交点と同じである」という文をさす。
(三) これは本書の第三論文『概念と対象について』をさすものと思われる。
(四) Bucephalus アレクサンダー大王の愛馬。

（五）　FBB および仏訳 ELP に倣い、ここでは接続詞「および und」を補って読むことにする。

（六）　ここで「真理値」という語が出てくるのは、いかにも唐突の感じを与えるが、おそらくフレーゲの脳裡には、前の年に発表した講演『関数と概念』のことが浮かんでいるのであろう。なお、二つ後の段落において、真理値が文の意味であることと、真理値の何たるかについての説明が与えられている。

（七）　これは本書の第三論文『概念と対象について』をさすものと思われる。

（八）　ここで「抽象的な名詞文」と呼ばれているものは、G&B および CP の脚注によれば、抽象名詞句によって置き換えられるような名詞節のことである。たとえば「スミスは竜が存在するということを否定する」という文中の名詞節「竜が存在するということ」は抽象名詞句「竜の存在」によって置き換えることができる。

（九）　ドイツ語に固有の話法。フレーゲはしばしばドイツ語の語法に依拠して議論する。

（一〇）　原文では、「朱に交わる時はいつでも」の意味ではなく、「朱に交わる者は誰でも」の意味である。

（一一）　FBB および英訳 G&B, CP を参照して、「文は」(Der Satz) という原文の主格を、前置詞句「という文においては」(In dem Satz) と訳出する。

（一二）　FBB に従い、前置詞「……において」(in) を補って訳出する。

三　概念と対象について

（一）　ベノ・ケリー Benno Kerry については、一八八九年に没するまでストラスブール大学の哲学の私講師であったという事実以外に、経歴らしいものはほとんど何も知られていない。

（二）　ケリーの論文は、フレーゲのこの論文が掲載されている雑誌 *Vierteljahrsschrift für wissenschaftliche Philosophie*, 9(1885), 433-493 ; 10(1886), 419-467 ; 11(1887), 53-116 ; 11(1887), 249-307 ; 13(1889), 71-124 ; 13(1889), 392-419 ; 14(1890), 317-353 ; 15(1891), 127-167 の八回に亘って掲載され、とくに第二論文と第四論文においてフレーゲの見解が詳しく取り上げられているとのことである。

（三）　念のために注記すると、この傍点は、„der Begriff *Pferd*“ という原文の斜字体を表わす。なお、訳注（四）を参照のこと。

（四）文字通りの本来の論文、つまり当時の雑誌に掲載された論文においては、字間を隔てて印刷されているが、現在われわれが参照している KS および FBB では斜字体が用いられている。

（五）„nicht“を„alle“の前に持ってくると、ドイツ語の文は„nicht alle Säugetiere sind Landbewohner“となり、日本語では、たとえば「すべての哺乳動物は陸棲動物であるとは限らない」などと訳される。そして、「すべての……は陸棲動物であるとは限らない nicht alle...sind Landbewohner」が、全体として述語と見られるので、その一部である「すべて」はこの述語に属するというわけである。

（六）このページが何を指すかは定かでないが、訳注（二）に挙げたケリーの第四論文中のページと思われる。

（七）この表現は、『算術の基礎』§68 の末尾に見られる。

（八）この種の置換可能性は、いましがた引用した文に対する注として、『算術の基礎』§68 の脚注で述べられている。

（九）FBB で注記されているように、この「二四四」は「四二四」の誤植であろう。それは訳注（二）からも明らかであろう。

四　関数とは何か

（一）周知の如く、ドイツ語では、形容詞の不定形と無変化語である副詞は語形が同じなので、「不確定」と訳出したドイツ語„unbestimmt“は、形容詞「不確定な」とも副詞「不確定に」ともとれるのである。

（二）「未知」「既知」と訳出したドイツ語は、それぞれ„unbestimmt“„bestimmt“で、これはまた「不確定」「確定」に対応しているのである。さらに、三行前の文の値を「取る」も、また「装う」も、ともに„annehmen“の訳語で、同じように対応している。

（三）巻末のフレーゲ著作目録に掲載されている GGA II である。

（四）log 1 のことである。

五　思想

（一）たとえば、「彼が昨日語ったことは真である」というように、ふつう「真」という語は、「……ということは、真である」のように、ある表現の後に用いられる、という意味である。

（二）疑問詞が文頭にくる疑問。いわゆる補充疑問。

（三）いわゆる決定疑問のことで、「然り」あるいは「否」と答えることのできる疑問。

（四）原文の直訳は「ドイツ語」であるが、内容を一般化して「言語」と訳した。

（五）訳注(四)を参照。

（六）ここの「見る」も「理解する」も共に „sehen“ の訳である。つまり、意識的に同じ語を用いることによって、かえって、「理解する」という非感覚的な事柄を、「見る」という感覚的な事柄と対照させているわけである。

（七）「最高位の女性裁判官」の「女性」は、「万学の女王」とか「法の女神」という場合の「女性」に相当するのであろう。

（八）ペルセウス座のベーター星。

六　否定

（一）第五論文『思想』の訳注(三)において注記したように、「然り」あるいは「否」と答えることができるような種類の疑問、いわゆる決定疑問のことである。

（二）いうまでもなく、虹は物理現象として客観的なものであるが、ここでは、極く常識的に、はかないものとみているわけである。

（三）ドイツ語の „Schneekoppe“ を、仏訳 ELP にしたがって、「モンブラン山」と訳した。

（四）G&B および CP はその脚注において、この句は、『新約聖書』マタイ伝第五章三七節の引用であると指摘している。

（五）例文で用いられている否定語は、「誰も……ない」と訳した „kein“ である。

（六）　KSでは、現在分詞 „bezeichnend“ を用いているが、ここではFBBにしたがって過去分詞 „bezeichnet“ に読む。

七　複合思想

（一）　ドイツ語 „dann“ を英訳LI, CPに従って、「なぜなら」„denn“ ‘for’ と読みかえる。

（二）　ドイツ語 „Geschworene“ は、普通、「陪審員」とか「陪審官」とか訳されるが、内容から見て、英訳LI, CPの如く、“witness” と読むほうが理解しやすいであろう。よって、本書では、「証人」という語を用いることにした。なお、仏訳ELPでは、“jurés”（陪審員）が用いられている。

（三）　訳注（二）を参照。

（四）　訳注（二）を参照。

（五）　訳注（二）を参照。

（六）　訳注（二）を参照。

（七）　訳注（二）を参照。

（八）　訳注（二）を参照。

（九）　FBBに従って、人称代名詞 „er“ を „es“ と読む。

（一〇）　この表現は、FBBで指摘されているように、誤解を招き易い。確かに、「両立」について語るときは、結合される思想の間に内容上の関連のあることが前提されているが、しかしここで考えている種類の複合思想においては、結合される思想の間に内容上の関連がなくてよいのである。

（一一）　否定詞 „nicht“ を、たとえば「でない」と訳し、全体を「〔AかつB〕でない」と訳出するのも一案であろうが、同じ文脈の中で否定詞が何度も現れる場合には、かえって理解しにくいことがある。それゆえ、本書では簡潔さを旨として、「非」で統一することにした。

（一二）　FBBは、「耳」のドイツ語 „Ohr“ は „Uhr“（時計）もしくは „oder“（または）の誤りではないかと注しており、一方、英訳LI, CPはさらに進んで „oder“ に解しているが、必ずしもそうとる必要はない。「耳」という言葉の用法が、医学の場合と日常の場合とで異なる例と考えればよいのである。なお、仏訳 ELP も „oreille"（耳）である。

（一三） FBB で注記されているように、「非A」の上下にカッコが必要と思われるので、補った。なお、英訳 LI, CP および仏訳 ELP もカッコを補っている。

（一四） FBB で注記されているように、全体を引用符で囲む必要があると思われるので、一重引用符を補った。なお、英訳 LI, CP および仏訳 ELP も引用符を補っている。

（一五） 訳注（一四）を参照。

フレーゲの生涯と業績

一　『概念記法』以前

フレーゲは、一八七四年三月イェナ大学へ提出した大学教授資格論文《ハビリタチオーンスシュリフト》に次のような履歴書を添えている。

「私、フリードリヒ・ルートヴィヒ・ゴットロープ・フレーゲ Friedrich Ludwig Gottlob Frege は、一八四八年一一月八日ヴィスマール Wismar に生まれました。父アレクサンダー Alexander は、この地の高等女学校の校長でしたが、一八六六年死別いたしました。母アウグステ Auguste——姓はビアロブロツキー Bialloblotzky です——は健在であります。私はルター派の養育を受けました。一五年間故郷の町のギムナジウムへ通った後に、一八六九年の復活祭に卒業証書を授与されて卒業しました。それから二年間をイェナ Jena で、さらに五学期《ゼメスター》をゲッチンゲン Göttingen で数学・物理学・化学および哲学の研究に専念しました。私はゲッチンゲンで哲学博士の学位を取得しました。」

この履歴書を少しばかり敷衍してみる。

フレーゲが生まれたヴィスマールは、北部ドイツのメークレンブルク地方に属し、バルト海に面した、有数の良港をもつ当時は繁盛した商業都市である。

「ゴットロープ」という名は、祖父クリスティアン・ゴットロープ・エマヌエルにちなんで命名されたものであろう。フレーゲは一八五四年から一八六九年の一五年間、地元のギムナジウムに学んだが、履歴書にも記してあるように、一八六六年彼が一八歳の折、早くも父を喪うという悲劇に見舞われた。母アウグステは、夫アレクサンダーの死後、彼が創立した女学校の校長職を引き継ぎ、フレーゲの養育にあたった。彼女からの経済的支援がなければ、フレーゲがイエナ大学の私講師の職に就くことは不可能であったろう。

一八六九年の春、卒業試験《アビツーア》に合格したフレーゲはただちにイエナ大学に入学、一八七〇年の冬までの四学期をここで過した。学生時代のフレーゲについては、「優秀で勤勉な若者」という以外には、ほとんど何も知られていない。残念ではあるが、一般にフレーゲの私的生活に関する資料は極めて乏しいのである。

イエナ大学を卒業後フレーゲは、さらに一八七一年の復活祭から一八七三年の冬に至る五学期をゲッチンゲン大学で送り、同年一二月一二日、数学の学位を授与された。

学位を取得したフレーゲはすぐさま母校イエナ大学に私講師の職を求めた。冒頭に引用した履歴書は、その際に提出した論文に付記したものである。一八七四年五月、フレーゲは正式にイエナ大学数学科の私講師に採用され、同年夏学期から講義を開始、以後一九一八年の引退まで、四四年間をイエナで過すのである。

二『概念記法』

「論理学は古くからある学科であり、そして一八七九年以来それは宏大な学科になっている」。アメリカを代表する哲学者ウィラード・クワインは、名著『論理学の方法』の初版のまえがきをこのようなことばではじめている。

実際、一八七九年は、論理学の歴史において、文字通り画期的な年であった。すなわち、それはフレーゲの最初の著書『概念記法』(BS)——より詳しくは、『算術の式言語にならって構成された純粋な思考のための一つの式言語である概念記法』——が出版された年である。本文にしてわずか八八頁のこの小冊子をもって記号論理の創始とみるのが、今日の一つの常識である。フレーゲ自身も次のように述べている。「この概念記法の発見だけでも、私には、論理学を促進したように思われる。(中略)とくに、主語と述語の概念をアーギュメントと関数によって置き換えることは、長い間には正しいことが証明されるであろう。内容をアーギュメントの関数として理解することが概念形成にどのような影響を及ぼすかが、容易に見てとれる。さらに、「もし……ならば……」、「かつ」、「……でない」、「または」、「……が存在する」、「いくつか」、「すべて」等々の語の間の意味関係の証明は注目に値しよう」。

このフレーゲの主張の正しさは、その後の歴史によって十分に立証されたと言ってよい。(なお右の引用文中、とくに二行目に関する部分はたとえば本書の第一論文によって、また三行目に関する部分は第三論文によって、さらに四行目に関する部分は第一論文と第七論文によって窺い知ることができる。)

しかしながら、フレーゲ自身は本書において論理学に専念していたわけではないし、また論理学の改良とか革新を意図したわけでもない。では、フレーゲは本書においていったい何を企図したのであろうか。そもそも、なにゆえにフレーゲは「概念記法」を考案するに至ったのであろうか。それについてはおよそ次のように述べることができよう。

根拠づけを必要とするすべての科学的真理は、フレーゲによれば、二つの種類に分れる。一方の種類では、証明は純粋に論理的に行われ得るが、他方の種類では経験の事実を拠りどころにしなければならない。言うまでもないことであるが、最も確かな証明は前者である。では、算術の真理はこれらの二つの種類のうちのどちらに属するのか

――フレーゲはこのような問いをたて、それに答えるためには、まず、思考の法則にのみ依拠する推論だけによって算術においてはどれほどのことが得られるか、実際に試みてみなければならないと考えた。言い換えれば、「系列における順序関係の概念を論理的な帰結の概念に還元し、ここから数概念へ進む」必要があると考えたのである。そしてその際に重要なことは、直観的なものがひそかに入りこまないように、推論の連鎖に隙間を作らぬことである。これが、いわゆる論理主義のプログラムである。フレーゲはこの計画を遂行するにあたり、当初は日常語を用いたのであるが、取り扱う関係が複雑になればなるほど正確さに欠けていった。その原因は、言うまでもなく、日常語のあいまいさにある。そして、日常語における正確さの「この欠如から、ここに見られるような概念記法のアイディアが生まれたのである」。

フレーゲは本書の出版後一八七九年七月、員外教授に昇任したが、彼の幸せな時代は実はここで終り、以後長く苦しい時代が続くのである。

一言で言えば、『概念記法』の学界での評判は芳しくなかったのである。とくにジョン・ヴェンとエルンスト・シュレーダーの酷評がひびいた。が、それにもまして、学内での不評が以後のフレーゲの研究の経歴にとって大きな障害となったのである。どういうわけかフレーゲの研究活動については同僚は何も知らず、したがって『概念記法』に対して彼らは不意打ちをくらわされた感じを抱いた。なかでも教授のエルンスト・アベは『概念記法』に失望したという。ほどなくしてその判断を訂正したとはいうものの、アベの判断に基づいて書かれた大学の公式見解においては、『概念記法』はフレーゲの「数学研究の副産物にすぎない」ものとみなされ、その結果フレーゲは以後、同僚から局外者として扱われてしまうのである。

『概念記法』の枠組による数概念の解明は、フレーゲのもくろみでは、この書に続いて直ちに行われるはずであったが、右のような事情から、少なくとも数年先に延期されることになった。それが次に取り上げる『算術の基礎』(GLA)である。

三　『算術の基礎』

論理学史上の記念碑的大冊『プリンキピア・マテマティカ』の共著者の一人バートランド・ラッセルは、その獄中記とも言うべき『数理哲学序説』のなかで次のように述べている。

「「数とは何か?」という問いはしばしば問われてきたが、ようやくわれわれの時代において正しく答えられたにすぎない。その答えは、フレーゲによって、一八八四年彼の『算術の基礎』において与えられた。この書物はきわめて簡潔で、難解ではなく、かつ非常に重要なものであるにもかかわらず、ほとんど何の注意も惹かず、またそこで述べられている数の定義も一九〇一年に著者が再発見するまでは事実上知られずにいたのである」(平野智治訳、岩波文庫、二二一ページを一部改訳)。

ラッセルの事実認識には一部誤りも見られるが、彼も述べているように、フレーゲはこの二番目の著書において、今日一般に「フレーゲ＝ラッセルの数の定義」と呼ばれるものを展開する。前著の不評に懲りてか、フレーゲは『算術の基礎』においては、概念記法の使用は避け、もっぱら普通のドイツ語、つまり日常語で通した。その上、直ちに自説を述べることはせず、まず当時流布していた幾つかの考え方を批判し、しかるのちに自分の立場を展開するという手順で臨んだ。

フレーゲがとくに批判の対象に取り上げた見解は数に関する心理主義、形式主義および経験主義とでも呼ぶべき三つの理論である。

数に関する心理主義というのは、数は心的構成物であり、算術における証明は心理的過程の記述であるという見解である。「心理的なものを論理的なものから、主観的なものを客観的なものから、厳しく分離する」ことを「算術の基礎づけ」の原則としてかかげるフレーゲは、当然のことながら、この心理主義に対し烈しい批判を浴びせる。すなわち、たとえば特定の数に関する表象を人がどのようにして手に入れるかということの説明は、何かの役に立つかもしれないが、しかしそのような研究は算術の基礎づけには何も寄与しないのである。なぜなら、ある数に結びつける表象は人によって異なるし、また表象は主観的なものだからである。それゆえ数の表象の起源に関する陳述は数の定義ではあり得ないし、算術の定理に対するわれわれの意識に関する心的・肉体的条件についての説明はその定理の証明とみなすことはできない。

フレーゲのこの反心理主義の態度は晩年まで一貫して変らない。そのことは本書に収録した第五論文『思想』からもうかがい知ることができる。

次に、ここで形式主義と呼ばれているのは次のような見解である。数とはわれわれが紙や黒板の上に書く数字にほかならず、それらは内容のない記号で、いわゆる算術の法則はこれらの記号を扱うための規則にすぎない。これが、フレーゲの排撃する「算術の形式理論」である。フレーゲが形式主義を批判するのは、一言で言えば、数学に対する彼の実在論による。もし形式主義者の主張が正しければ、数学者は紙に数字を書くことによって数を創り出すことになるが、しかしそういうことはあり得ない。地理学者は何物をも創り出すことはなく、存在するものを発見して、それに命名するにすぎないように、数学者も数を創り出すことはできないのである。

フレーゲによれば、形式理論の誤謬は、視点を換えてみるならば、概念を対象から明確に区別できていないことに由来し、ひいては記号と記号によって指示されるものとが区別されていないことに帰因する。このことは本書に収めた第一論文、第三論文からも知ることができる。

なお、ここで批判されている形式主義は、ヒルベルトの形式主義とは別物であり、両者は混同されてはならない。

最後に、経験主義を取り上げよう。フレーゲが攻撃するのはＪ・Ｓ・ミルに見られるような極端な経験論に対してである。ミルによれば、算術の法則は帰納に基づく経験的一般化にすぎず、また算術における基本的な概念も物理対象に関する観察を通して得られた単なる経験的な概念であるという。言うまでもなくフレーゲはこのような見解に与しない。それは、数学者の現実を説明し得ないからである。ミルの算術は「ペパー・クッキーの算術か小石の算術」にすぎない。

このように、当時の主要な三つの数理思想を批判することによって、フレーゲは、その論理主義の立場の基盤作りに成功したものと信じるに至った。既によく知られていることであろうが、念のために記すなら、算術に関する論理主義とは、少なくとも次の二つのテーゼから成る見解である。㈠算術の基本概念は論理学の概念のみによって定義することができる。㈡算術の法則は、論理的な推論様式と論理学の法則のみによって証明することができる。

ところで、これも既によく知られていることと思われるので、詳しいことは省略するが、その数の定義から明らかなように、フレーゲの論理学はカントールの集合論に相当するものを含んでいる。そしてカントールの集合論は、集合、集合への帰属関係、一対一対応、の三つの基本的な要素から成り立っている。すると、フレーゲが、算術は論理学の一分野であると言うとき、彼の論理学はこれらの要素を含んでいるか、さもなければ、それらを新たに彼の論理学において定義しなければならないことになる。

さてフレーゲによれば、論理学が取り扱うのは、彼の意味での「概念」、「概念に属する」および「概念の外延」である。それゆえ、論理主義のテーゼを立証するには、前述の集合論の基本観念をこれらの論理的な観念によって定義できればよいわけである。それはもはや明瞭であろう。集合は概念の外延であり、集合への帰属関係は概念に属することであると考えられる。さらに、一対一の対応は、彼が『概念記法』において開発した論理学を用いて定義することができる。こうしてフレーゲは次のように述べる。「私は本書において、算術の法則は分析判断であり、したがってアプリオリである、ということを確からしいものにしたと思う。これに従えば、算術はよりいっそう発展した論理学にすぎなくなり、あらゆる算術の命題は論理学の法則になる。もっともそれは派生的な法則ではあるが」。

しかしながら、前節において述べたことからも容易に推察されるように、フレーゲは『算術の基礎』で満足するわけにはゆかない。なぜなら、日常語でおこなわれた叙述は、論理主義の主張の正しさを「確からしい」ものにするとしても、それ以上ではあり得ないからである。論理主義を確かなものにするには、純粋に論理的なものだけから、しかもなんらの隙間なしに、実際に、算術の法則を演繹する以外にない。フレーゲはそう堅く信じて、本書の不評にもめげず、年来の計画を実施に移すのである。それが彼の三番目の、最大の主著『算術の基本法則』第一巻(GGA I)である。

四　「意味論研究」の時代

「既に一八七九年の『概念記法』においてもくろみ、また一八八四年の『算術の基礎』において声明した計画を、私は本書によって遂行する」。フレーゲは『算術の基本法則』第一巻(一八九三年)の「まえがき」でこう述べる。しかし、本書の出版には、『算術の基礎』後、九年間という長年月を要したのである。その最大の理由は、言うまでもなく、フレーゲの著作がこれまでほとんど常に人々から無視されたり、あるいは冷たく扱われてきたために、彼の著書を出版しようという勇気のある書肆が現れなかったことである。だが、この九年間は決して無駄ではなかった。それどころか、彼の生涯で最も実り豊かな期間でさえあった。つまりそれは、本書第一部に収録した第一・第二・第三論文が書かれた、いわば「意味論研究」の時代なのである。そしてこれらの著作が現代哲学に及ぼしている影響の大きさについては、ここで改めて述べる必要はないであろう。

さて、この時期に行ったフレーゲの最も重要な仕事は、一口で言えば、『概念記法』の修正であり、それに伴って『算術の基礎』の論理思想を洗練することであった。

『概念記法』の修正の中で最も大きなものは、本書の第一論文においても述べられているように、『概念記法』にない「走値」の概念を導入したことであり、『概念記法』において用いていた「内容の相等性の記号」を算術の「等号」で統一したことである。このことにより「関数」が飛躍的に拡大され、それと同時に「対象」が無制限に関数のアーギュメントとして認められることになった。他方、関数と関数の値やアーギュメント、つまり対象、とがいっそう明確に区別され、『算術の基礎』以来の「概念と対象の間の区別」と関数の間の「階層」関係が一段と精密化されるに至ったのである。（なお、第四論文〔一九〇四年〕を訳出したのは、以上のような関連の下でフレーゲの関数観を知る上で適当と思われるからである）。

ところで、「内容の相等性」の記号を通常の等号で統一したとき、あらためて「等式」の意味が問われることになった。なぜなら、関数の拡張と共に、等号は関数記号に数えられるようになったからである。こうして、等式の「意義」と「意味」の区別が導入され、それによって置換法則が成立する論理的関数が基礎づけられることになったのである。

以上のような大幅な修正と新しい構想の下に全面的に書き改められたのが、今日われわれの手にする『算術の基本法則』全二巻(GGA I/II)である。

五　『算術の基本法則』第一巻

「証明できることは、科学においては証明なしに信頼すべきではない。この要請がこんなにも明白であるように思われるのに、私の信ずるところでは、最も単純な科学、すなわち数の理論を取り扱う論理学の部分、の基礎を研究するに当ってさえも、最近の叙述によってさえも決して満たされているとは見なせないのである。私が算術(代数学・解析学)を論理学の一部分に過ぎないといったことを見ても、私が数概念を空間および時間の表象または直観には全く依存しないもの、この概念をむしろ純粋な思考法則から直接流れ出たものと考えていることを表明している」。

これは、ドイツの数学者デデキントの名著『数とは何か、何であるべきか』の第一版(一八八八年)の序文の冒頭の文章である(河野伊三郎訳、岩波文庫、四一ページを一部改訳)。この引用が示すように、算術が論理学の一分野であるという見解は、フレーゲのみが抱いた特異な教説ではない。フレーゲも『算術の基本法則』第一巻の「まえがき」において本書に触れ、「デデキント氏も数の理論は論理学の一部分であるという見解である」と述べている。それだけではない。本書をさして、「算術の基礎づけについて私が最近見た最も徹底したもの」と賞讃さえしているのである。

だが、それと同時に、フレーゲはデデキントを批判することも忘れなかった。それはこうである。デデキントの『数とは何か、何であるべきか』は本文が六〇ページに足りない小冊子でありながら、その内容は、本文だけで二五〇ページを超える『算術の基本法則』第一巻よりもはるかに多くのものを含んでいる。それが可能であったのは、デデキントが多くの証明を簡略にすましているからである。フレーゲのデデキント批判もまさにこの点にある。彼は次のように述べる。「もちろん、この簡潔さは実際には多くのことが何も証明されていないことによって達成されているにすぎない。デデキント氏はしばしば、証明はこれこれの命題から帰結すると言うだけである。彼は「$\mathfrak{M}(A, B, C, \ldots)$」のように点を用いる。彼によって根本的なものとみなされている論理法則もあるいは他の法則もどこにも見出せない。そしてそれが存在する場合にも、他のものが本当に用いられていないかどうかを吟味する可能性は全くないだろう。吟味するためには、証明は単に示唆されるだけでなく、隙間なく遂行されなければならないのである」。だから、「彼の著書」は、そのままでは、「数の理論は論理学の一部分である」という「この見解をほとんど確証することにはならない」。

つまり、フレーゲの言わんとすることはこうである。「算術はよりいっそう発展した論理学にすぎない、とはよく言われることである。しかし、承認された論理法則に従っては行われず、直観的な認識に基づいているような移行が証明に現れる限り、このことには議論の余地が残る。これらの移行が単純な論理的なステップに分解されるときにはじめて、われわれは論理学以外の何ものにも基づいていないことを確信できるのである」。

これは繰り返し述べてきたことである。しかし、それはどのようにして可能なのだろうか。数学は古くから論理的明晰性の模範であるべきであったが、当の算術にそれを求めることができない今、われわれは範をどこに見出すべきであろうか。フレーゲが見出したのはあの古代ギリシアのユークリッド幾何学であった。しかし、これは決して驚くにあたらない。『幾何学原論』こそは長い間、厳密な論証科学の典型と考えられてきたからである。それゆえフレーゲがユークリッドに範を求めたのは、きわめて自然なことなのである。だが、フレーゲはそこにとどまらず、ユークリッドをも超えようというのである。彼はこう述べる。

「私がここで実現しようと努めた、そしておそらくユークリッドにならって命名することのできる、数学における厳密に科学的な方法の理想を、私は次のように叙述したい。確かに、すべてを証明せよとは要求できない。なぜなら、それは不可能であるから。だが、証明しないで用いられる命題はすべて、そのようなものとしてはっきり述べられるべきである、と要求することはできる。その結果、構築物の全体が何に基づいているか、明らかに認識することができるからである。それゆえ、証明できることをすべて証明することによって、これらの根本法則の数をできるだけ減らすように努めなければならない。さらに――私はこの点においてユークリッドを超えるのであるが――適用される推論様式はすべて前もって呈示するよう、私は要求する。さもなければ、あの最初の要求を確実に満たすことができないからである。私は今や本質的な点においてこの理想を達成したものと信じる」。

さて、このような厳格な方法によって一つ一つ証明を行ってゆけば、そこで証明される内容はごくわずかなものであろう。だから本書の「新しさは定理の内容ではなく、証明の仕方にある」とフレーゲも言わざるを得ないのである。それにしても『算術の基本法則』第一巻の内容は乏しく、負数・分数・無理数および複素数、それに加法・乗法などの演算についての説明はすべて第二巻に残されることになった。

それはともかく、『概念記法』以来十四年目にして、念願の計画がついに陽の目を見ることができたのである。ただし、フレーゲにも一抹の不安がないではなかった。それは、「走値の同一性」に関する公理(V)についてである。この公理は、普通はどちらかと言えば、概念の外延に関して、次のように表現される。二つの概念の外延が等しいのは、一方の概念に属するあらゆる対象が他方の概念に属し、またその逆も成り立つときに限る。

フレーゲはこれを「純粋論理学の法則」あるいは「論理学の根本法則」とみなすのであるが、こともあろうに、この「公理」から矛盾の生じることが九年後に明らかになるのである。

六　ラッセルのパラドックス

自分の著作は、普通の数学者や哲学者からはもちろんのこと、数学の基礎づけに関心をもつ少数の数学者からさえもほとんど迎え入れられることはないだろう、とフレーゲがその「まえがき」で嘆いていた通り、『算術の基本法則』第一巻の評判はやはり芳しいものではなかった。書肆との約束で、第二巻の出版は十年先に延期されることになった。しかも彼自身も応分の負担をしなければならないというのである。フレーゲの不満と挫折感は募るばかりであった。しかし、わずかな明りも見えてきた。一つには、哲学者フッサールが先年その著『算術の哲学』(一八九一年)の中でフレーゲの『算術の基礎』に言及し、それが機縁となって二人の間に文通が始ったのである。他方、イタリアでは数学者ペアノが『算術の基本法則』第一巻をイタリアの数学誌で批評しており、こちらでも手紙の交換が行われるようになったのである。

フレーゲ個人の身の上にも幾つかの変化が起きた。エルンスト・アベの骨折りにより、フレーゲは一八九六年五月「名誉正教授」に就任した。このポストは、通常のいわゆる「正教授」にくらべて学内の地位も低く、給料も学外の団体から支給されるのであるが、代りに研究と教育に、とくに研究に専念できる利点があった。

フレーゲは、一八八七年三月一四日マルガレーテ・リーゼベルグと結婚したが、二人の間に子供はなく、一説によれば、みな早死にしてしまったので、一九〇〇年頃アドルフという男の子を養子に迎え入れた。本書の扉にエピグラムとして掲げた詞は、フレーゲが、一九二五年一月一日付の遺書に付した短い覚え書きの中で、この養子に宛てて書かれたものである。

一八九四年から一九〇二年までの八年間も、それに先立つ九年間に劣らず、フレーゲが活動的な時期であったと言えるかもしれない。フレーゲは、前述のフッサールやペアノについて批判的な論文を著し、一方ヒルベルトやクーチュラなどとも文通を行うようになっていた。

こうして多年に亘る苦労がいくぶんかは報われ、『算術の基本法則』第二巻も完成に近づいた一九〇二年六月のある日、第一巻の体系から矛盾が生じるという趣旨の一通の手紙がフレーゲの許に届いた。その矛盾は発信人の名にちなんで今日では「ラッセルのパラドックス」と呼ばれているが、この逆理がフレーゲに与えた衝撃はおそらくはかり知れないものであったろう。彼はその複雑な胸中を第二巻の「あとがき」で次のように述べている。

「仕事が完成した後にその建築物の基礎の一つがゆるがせられるより以上に不運なことが、学術書の著者に起こることはほとんどないであろう。

本書の印刷が完成に近づいていたとき、これが、バートランド・ラッセル氏の手紙によって、私が置かれた状態であった。それは私の基本法則(V)にかかわるものであった」。

フレーゲは、解決策を「あとがき」に記して一九〇三年に第二巻を出版したが、彼の死後五年を経た一九三〇年ポーランドの論理学者が彼の「解決策」から再び矛盾が生じることを明らかにした。フレーゲもまた、自分の体系に難点がひそんでいると感じていたようである。

不運は続くもので、一九〇五年には愛妻マルガレーテを失った。一九〇七年に枢密顧問官《ホーフラート》の称号を与えられたものの、同僚の数学者ヨハネス・トーメーとの論争も不毛に終り、フレーゲの孤立は深まるばかりであった。後の論理実証主義者ルドルフ・カルナップの伝えるところによれば、彼が一九一〇年にイェナ大学の学生としてフレーゲの「概念記法」の講義に出席したとき、フレーゲは年よりは老けて見えたとのことである。

それはともかく、ここではやはりフレーゲとウィトゲンシュタインとの関係について触れないわけにはゆくまい。マンチェスター大学で航空工学の研究に専念していたウィトゲンシュタインは、一九〇八年頃ラッセルの『数学の原理』によってフレーゲの存在を知り、一九一一年イエナにフレーゲを訪ねて自分の進路について相談し、その忠告に従ってケンブリッジ大学のラッセルの下で哲学の勉強を始めるようになったという。一般に両者の関係は、ウィトゲンシュタインの『論理哲学論考』がすべてであるかのように思われているが、フレーゲのウィトゲンシュタインに対する影響は、実際には、後者の生涯の最後まで続いていたのである。一人のイギリス人哲学者の伝えるところによれば、ウィトゲンシュタインは死の数日前、フレーゲのように書くことができればどれほどすばらしいことであろうか、と述懐している。

七　新たなる出発

きわめて当然のことであろうが、フレーゲは、その著書の評判が芳しくないとき、自著の解説を書いたり、他人の著書を批評したりして直接間接に自説の普及に努めた。が、それだけではない。気分を変えるためでもあろうか、必ずと言ってよいほど、算術の基礎づけ以外の分野について筆をとっている。今回も例外ではない。フレーゲが学生時代から関心を抱いていたものには、関数論のほかに幾何学があった。とくに一八九〇年代の後半に知ったヒルベルトの『幾何学基礎論』に対してはいたく興味をそそられた。一九〇三年および一九〇六年にそれぞれドイツの数学会誌に掲載された論文がそれである。しかし真に重要な意義をもつのは、本書第二部に収録した、一九一八年から始まる「論理学研究」である。この間の十二年間――さらに『算術の基本法則』第二巻が出版された一九〇三年から数えると十五年間――フレーゲはもはや「算術の基礎づけ」について発言することはなかった。同僚トーメーが、一九〇六年八月、最近のフレーゲの研究活動は不振であると大学管理者へ書き送ったことは、それゆえ、あながち誤りとは言えないのである。

おそらくラッセルのパラドックスがフレーゲに与えた衝撃の大きさは、われわれの想像をはるかにこえたものであろうが、しかしそれにもかかわらず、フレーゲは、算術は論理学に還元可能であるという論理主義の立場をなおしばらくの間放棄しなかった。それどころか、前述のカルナップが一九一〇年に出席した『概念記法』の講義において、フレーゲは、彼の論理学を用いて全数学を構築できることを示唆していたのである。けれども、やはり時代は大きく変りつつあった。一九〇四年、ツェルメロは整列可能性定理を選択公理から証明し、引き続き一九〇八年にはその集合論を公理化した。同じ年にラッセルは分岐階型理論を提唱した。一九一五年には、述語論理におけるレーヴェンハイムの定理が発見され、スコーレムは一九二〇年にそれを一般化した。

フレーゲ自身も、カルナップの伝えるところによれば、一九一三年の講義「概念記法II」や一九一四年の「数学における論理」においては、論理主義のキー・コンセプトである「概念の外延」については触れなくなったようである。つまり、数は対象であるという論理主義の根本命題に疑いを抱き出していたわけである。

一九一八年、講義職務の免除を申し入れていたフレーゲは、その願いが聞き届けられるや、四四年間住み慣れたイエナを離れた。論理学研究の第一部『思想』が出版された年である。フレーゲは『概念記法』以降、必ずしも数学の基礎づけを含まない、純粋の論理学に強い関心を抱き、何度か著作を試みた。本書に収めた「論理学研究」もその一つで、完成すれば四部から成る包括的な著書になるはずであったが、これはついに未完に終った。

さて、論理主義に対する懐疑が深まるにつれ、彼の関心は幾何学へと傾斜していった。つまり、数学の基礎を、算術の分析性に代って幾何の総合性に求めたのである。こうして、一九一九年には算術の論理主義的な基礎づけの試みを放棄するに至り、一九二四年三月二三日の日記には、「私の努力は(中略)失敗に終った」と記すことになったのである。

数学の基礎づけに執念を燃やすフレーゲは、しかし、これであきらめはしなかった。「数と算術」と題する遺稿の中で、彼は次のように述べている。「それについて考えれば考えるほど、私はこう確信するに至った。算術と幾何は同じ根から成長したものであり、それも、幾何の根から生じたものである。それゆえ、数学はほんらい幾何学である」。だが、この「算術の基礎づけの新しい企て」を実施に移す時間はもはや彼には与えられていなかった。

一九二五年七月二六日、故郷ヴィスマールに近いバート・クライネン Bad Kleinen で、フレーゲは七六年の生涯を閉じた。

訳者あとがき

フレーゲの名をはじめて知ったのはもう三十年以上もまえのことである。そしてその折のフレーゲは何よりもまず論理学者であった。すなわち、フレーゲは記号論理の真の創始者であり、彼に比肩し得る論理学者は、彼以前においては、アリストテレス以外にないと言われるほどの偉大な論理学者であった。

実際、論理学に対するフレーゲの寄与は、数学の基礎づけに関するその論理主義の立場とは独立に、高く評価されるべきものであろう。「もしわが国の大学や図書館が戦争ですべて破壊されることがないならば、最初の完全な形式論理学の体系を打ちたてた彼の業績は、今後二、三千年のあいだ必ず少数の人々によって想い起こされるであろう。ハンプティー・ダンプティーが言うように、「そこにあなたの誉れあり」なのである」というウィリアム・ニールの言葉も頷けるであろう。

ところで、このような観点からフレーゲを評価することは、記号論理の創始を科学史上の一つの出来事と見なすことである。あるいは、少なくともそこに力点を置いて見ることである。論理学が最も厳密な学問の一つである以上、これはきわめて自然な見方ではあろうが、しかし、私はそれに全面的に同意することはできない。もちろん、前にも述べたように、私は、フレーゲの論理学に対する貢献を高く評価する点で決して人後に落ちないつもりである。私にとって不満なのは、フレーゲの業績を記号論理の創立に限定してしまうことである。このような見方ではフレーゲの全体像が見失われることは明らかである。

論理学に厳密な論証科学としての一面が存することは、改めて言うまでもないことであるが、論理学がそれに尽きるものでないこともまた確かである。なぜなら論理学は古来、哲学の一分野として認知されてきたからである。言い換えれば、フレーゲは論理学者にとどまらず、当然、哲学者でなければならない。さもなければ彼は読むに価しない——フレーゲに対して多少なりとも積極的な関心をもち始めたとき、私はほぼそのように考えていた。そしてこの予想ないし期待はそれなりに報いられたと言ってよい。曰く、ウィトゲンシュタインを正しく理解するためにはフレーゲに関する知識を欠くことができない。曰く、認識論中心の近世哲学に対し、フレーゲは、論理学を哲学の基礎学に据えることによって近代哲学に新しい視点を導入した。曰く、フレーゲは分析哲学の始祖である。とりわけ哲学に「言語的転回」をもたらした、優れた言語哲学者である。

ごく大まかに言って、これが哲学者フレーゲの一般像であり、「フレーゲ復興《ルネサンス》」の実質である。そしてこのようなフレーゲ観の下で、ようやくフレーゲ研究が盛んになり、それと同時に「哲学者」フレーゲも次第に認知されるようになった。こうして、フレーゲは数学者にしてかつ哲学者である、という現在一般に流布しているフレーゲ像が出来上ってくるのである。

しかしながら、このようなフレーゲ像にはある根本的な誤解がひそんでいるのではないか。そのようなフレーゲ像は、彼が生涯を賭したその仕事の核心を完全に逸しているのではあるまいか。フレーゲは本来、数学者であって、哲学者として扱うことはかえって彼の本質を見失うことになるのではないか。もちろん、このことは彼の仕事の哲学的意義を少しも減じるものではないが。

前に述べたところと一見矛盾するようであるが、私は、フレーゲに対して哲学的な関心をもちはじめた当初から、一方では、このような、どちらかといえば陳腐な解釈を完全には捨て切れないでいたのである。ここでそれらを詳しく述べるわけにはゆかないが、その要旨のみを記すなら、それはおよそ次のようなことに帰着するであろう。

フレーゲは logically-minded な科学者であり、それはときとして philosophically-minded と呼ぶことさえできるほどであるが、彼のホーム・グラウンドはやはり数学である。そして彼がその生涯を捧げた数学の分野は「算術の基礎づけ」であるが、同時にこれが彼にまつわるすべての悲劇の源でもある。なぜなら、当時の多くの数学者にとっては、いわゆる「解析学の算術化」によって「数学の基礎づけ」は完了したものとみられていたから、さらに算術を基礎づけようとするフレーゲの試みはもはや本来の数学とはみなされず、他方、同じその試みが哲学者からは、数学であって哲学でないと思われたのも当然であった。こうしてフレーゲは、数学者と哲学者の双方からの無視ないし非難と戦いながら、「算術の基礎づけ」に邁進し、その過程で記号論理を創始し、さらにその論理学の裏づけとして必要と考えられる範囲で意味論の分野に足を踏み入れたのである。(ただし論理学に対する関心は晩年まで変らなかった。そのことは本書の第二部からも明らかであろう。)それゆえ、われわれが何にもまして検討しなければならないことは、なぜフレーゲは「算術」に基礎づけが必要と考えたのか、そもそも「基礎づけ」ということで彼は何を考えていたのか、ということである。私はこのような角度から改めてフレーゲを読み直そうと考えるようになった。

ところが、そうこうしているうちに厄介なことがもう一つもち上った。それは、フレーゲが算術の基礎づけに用いた論理が二値論理であること、それも意味論的な考察に基づいた、あるいは今風に言えば、モデル論的な考察を背景にした二値論理であることが、私にとっては、フレーゲ解釈の上で一つの障害になってきたのである。というのは、数年前から私は古典論理とそれを支える超越的意味論に対し懐疑的になってきたからである。論理は、われわれ自身が行う「証明」に焦点を合わせて構築されなければならないのではなかろうか。私はそう考えるようになっていたのである。かくして、フレーゲにおける「基礎づけ」の意味とその内実、およびその作業に用いられた「論理」の再検討、とくに論理的帰結の概念を吟味することが、新たな課題として私に課されることになったのである。

ところで、本書の出版が当初の予定から大幅に遅れてしまい、それはもっぱら訳者の怠惰と遅筆によることではあるが、なおそれに加えて、上述のような、フレーゲに対する訳者の解釈上の変化が少なからず影響を及ぼしたことも事実である。私はもはや単なる「翻訳機械」として仕事を進める気にはとうていなれなくなっていた。私は私のフレーゲ解釈に誤りがないかどうかを確かめる作業に少しずつ取りかかった。それと同時に、論理学の哲学についても再考を迫られ、こうして訳業は遅れに遅れることになってしまったのである。

この間、編集担当も佐岡末雄氏から野口敏雄氏へと引き継がれたが、心優しき両氏は、終始、私のわがままを、時には暖かく、時には呆れ顔で、見守って下さった。本を作るという仕事が、編集者との共同作業であることを今回ほど身をもって感じたことはなかった。お二人に対し、改めて衷心よりお礼を申し上げる次第である。

最後に、筆を擱くにあたり、私は、この拙い訳書を畏友吉永雅俊博士に献げたいと思う。三十余年に及ぶ同君との交遊は、私の生の最も根源的な意味での支えであった。変ることのない博士の友情に対し、私は感謝の言葉を知らない。

訳　者　識

一九八七年五月一〇日

■岩波オンデマンドブックス■

フレーゲ哲学論集　　G. フレーゲ著

1988年 7月22日　第 1 刷発行
2000年 6月21日　第 3 刷発行
2017年 2月10日　オンデマンド版発行

訳　者　藤村龍雄《ふじむらたつお》

発行者　岡本　厚

発行所　株式会社 岩波書店
〒101-8002 東京都千代田区一ツ橋 2-5-5
電話案内 03-5210-4000
http://www.iwanami.co.jp/

印刷／製本・法令印刷

ISBN 978-4-00-730570-2　Printed in Japan

索　　引

あ 行

アーギュメント Argument　3, 7-10, 12, 13, 15-30, 93-95
——の位置 ——stelle　94
——の記号 ——zeichen　93, 94
明けの明星 Morgenstern　14, 34, 40, 46, 67
値 Wert　9, 12-13, 15-23, 25, 27, 28, 89, 90, 95 →関数
アリストテレス Aristoteles　61
アレクサンダー大王 Alexander der Große　61, 67
意義 Sinn　11, 13, 14, 16, 17, 31, 33-57, 59-62, 71, 78, 79-81, 83, 84, 89, 91, 103-105, 108, 109, 111, 115, 128, 131, 133-135, 137-140, 145, 146, 150, 151, 160, 161, 163-172, 174, 178, 179, 184, 187
間接的—— ungerader ——　36
固有名の—— —— eines Eigennamens　35
主文の—— —— des Hauptsatzes　53
通常の—— gewöhnlicher ——　36, 45, 46
——の変更 Änderung des Sinnes　108
副文の—— —— des Nebensatzes　48, 51, 53, 56
文成分の—— —— des Satzteils　41
文の—— —— des Satzes　41, 55, 57, 59, 61, 62, 79, 108, 111
意義をもたない sinnlos　75, 136
意識 Bewußtsein　37, 113-117, 119, 120, 122, 123, 137, 147
——内容 ——sinhalt　114, 117, 126, 132, 147
一般性 Allgemeinheit　12, 22, 23, 52, 53, 89, 92-94
意味 Bedeutung　3-6, 11, 12, 14, 16-19, 30, 31, 33-51, 54, 56, 58, 60-63, 68, 70-72, 75, 78, 82-86, 93, 100, 104
間接的—— ungerade ——　36, 45-48, 56, 58, 60
固有名の—— —— eines Eigennamens　38
通常の—— gewöhnliche ——　36, 44, 45, 48, 58, 60
副文の—— —— eines Nebensatzes　45, 54, 56, 58
文成分の—— —— eines Satzteils　41
文の—— —— des Satzes　16, 40, 42-44, 47, 60
意味する bedeuten　6, 7, 13, 17, 18, 22-24, 33, 36, 39, 44, 46, 50, 55, 60, 62, 67, 68, 70, 71, 81, 93, 94
意味をもたない bedeutungslos　18, 19, 49, 50, 63
イメージ Bild　36, 37
陰影 Beleuchtung　39, 55, 83, 107, 171
ヴェスヴィオ Vesuv　70
ウェリントン Wellington, A.　46
絵 Bild　101, 102
オデュッセウス Odysseus　40, 41

か 行

外延 Umfang　16, 18, 72, 73 →概念
解析学 Analysis　3, 12, 26, 50, 82, 85, 86, 90
外的世界 Außenwelt　112, 113, 117, 124, 126, 127, 129, 142
概念 Begriff　3, 15, 16, 19, 27, 35, 42, 51, 52, 62, 65-84, 92, 145
第一階—— —— erster Stufe　26, 31,

75, 76
第二階——　—— zweiter Stufe　26, 75, 76, 84
——に従属する Unterordnung unter einen ——　68, 81
——に属する fallen unter einen ——　15, 19, 51, 62, 67, 71, 73, 76, 77, 79, 81, 82
——の外延　—— sumfang　16, 18, 72
概念記法 Begriffsschrift　3, 33, 50, 96
概念語 Begriffswort　67, 69, 72, 75
仮言的思想結合 hypothetische Gedankenverbindung　139 →複合思想
かつ und　161-163, 171
感官印象 Sinneseindruck　37, 61, 103, 104, 113, 116, 119-121, 125-127
感官知覚 Sinneswahrnehmung　126
関係 Beziehung　27, 33, 35, 42, 55, 67, 68, 72, 75-78, 81, 82, 101, 129, 131, 145
関係語 Beziehungswort　101
完結した abgeschlossen　8, 11, 16-18, 81, 82, 180
冠詞 Artikel
定—— bestimmter ——　5, 51, 69, 73, 79, 80, 153
不定—— unbestimmter ——　69, 75
関数 Funktion　3, 4, 6-10, 12, 17-30, 31, 82-85, 90-96
異階の—— ungleichstufige ——　28
第一階——　—— erster Stufe　26, 28, 30
第二階——　—— zweiter Stufe　26, 28-30
同階の—— gleichstufige ——　28
——の値　—— swert　9, 12, 13, 15, 17
完全な vollständig　7, 8, 48, 52-56, 131, 151, 156, 160, 177
カント Kant, I.　33, 143
関連づけ Zuordnung　91, 92
関連づけられている zugeordnet　91
偽 das Falsche　13, 20-25, 28, 42, 55
偽 Falschheit　135, 136
帰結 Folge　136, 137, 149, 164, 174, 176, 179
帰結文 Folgesatz　89, 140, 177
帰結文 Nachsatz　48, 52, 53, 55
記号 Zeichen　4, 5, 12-15, 18-20, 26, 27, 31, 33-37, 39, 50, 62, 82, 83, 91-94, 141, 163, 164
空—— leeres ——　18
記号言語 Zeichensprache　12, 15, 50, 92
客観的 objektiv　38, 39, 42, 62
金星 Venus　46, 67, 68
空記号 →記号
空所 →場所
クロネッカー Kronecker, L.　31
計算式 Rechnungsausdruck　3, 6, 8, 92, 93
計算法 Rechnungsart　12
繋辞 Kopula　67, 68, 71, 78, 82, 96
形式 Form　4, 8, 17, 25, 33, 42, 53, 54, 62, 70, 75, 90, 106, 128, 131, 143, 148, 176, 177, 180
形式理論 formale Theorie　4, 92
結合 Fügung　160
結合子 das Fügende　160, 165-169, 171
ケプラー Kepler, J.　48, 49
ケリー Kerry, B.　65, 66, 68-70, 72, 73, 76-81
言語 Sprache　35, 50, 60, 66, 69, 70, 74, 75, 82, 83, 108, 128, 131, 132, 144, 147, 159
原始要素 Urbestandteil　150, 180
交換可能 vertauschbar　165, 166, 170, 171
合成性 Zusammengesetztheit　145
肯定式 *modus ponens*　137, 179
公理 Axiom　181
コペルニクス Kopernikus　46
固有名 Eigenname　14, 17, 35, 38-42, 48-52, 54, 55, 60, 67, 69, 70, 73-75, 80, 82, 83, 88, 109-111, 153, 177
コロンブス Kolumbus　47

コントラポジション *contraposition* 137 →対偶

さ 行

算術 Arithmetik 4-6, 15, 18, 27, 29, 67, 85, 86, 89, 92, 95
しかし aber 63, 108, 171
式 Ausdruck 3, 4, 6-8, 16, 92
識別基準 Kennzeichen 69, 70, 144
思考の法則 Denkgesetz 99
シーザー Cäsar, Julius 16, 75
示唆する andeuten 6-9, 11, 12, 18, 22, 25-30, 52, 53, 56, 89, 92-94, 152, 166, 167, 169
指示されるもの Bezeichnetes 4, 34, 92, 111, 155
指示する bezeichnen 5, 6, 31, 33, 38, 39, 49, 50, 54, 69, 70, 72, 73, 75, 79, 80, 82, 86-89, 92-94, 96, 110, 111, 114, 115, 138, 142, 153, 154, 160, 177
事実 Tatsache 125
自然法則 Naturgesetz 99
思想 Gedanke 14, 16, 40-63, 71, 73, 74, 81-83, 96, 99, 101, 103-112, 114-117, 124-131, 133-157, 159-174, 176-179, 182-187
　仮言的—— hypothetischer —— 53
　完全な—— vollständiger —— 48, 52-56, 128, 131, 156
　肯定的な—— bejahender —— 143, 144, 156
　否定的な—— verneinender —— 143, 144, 156
　複合—— zusammengesetzter —— 137, 138
　矛盾する—— widersprechender —— 151, 152
思想内容 Gedankeninhalt 174, 179
思想の部分 Gedankenteil 43, 82, 141, 142, 152, 154
主観的 subjektiv 37, 38, 62
主語 Subjekt 42, 43, 48, 51, 54, 70-74, 81, 83, 87, 108, 133, 144
　論理的—— logisches —— 72
主張 Behauptung 54, 63, 105, 106, 131, 133, 135, 161
　——様式 ——sweise 148
主張する behaupten 21, 22, 31, 33, 54, 105, 106, 131, 135, 146, 184
主張文 Behauptungssatz 16, 18, 40, 42, 105, 106, 128, 131, 135, 147, 148, 161, 162
主張力 behauptende Kraft 106, 107, 137, 140, 141, 146-150, 161-163, 169, 184, 186
述語 Prädikat 41, 42, 67, 68, 70-73, 82, 83, 142, 144, 146, 147, 151
述語的 prädikativ 67, 70, 71, 74, 75, 81, 83
主文 Hauptsatz 44, 46, 48, 51-56, 58, 60, 131, 160
主要思想 Hauptgedanke 56
シュレーダー Schröder, E. 82
条件 Bedingung 136, 137, 149, 174-179
条件文 Bedingungssatz 52, 53, 55, 89, 139, 140, 149, 177
承認する anerkennen 42, 62, 65, 80, 105, 108, 112, 115, 116, 118, 122, 124, 125, 129, 133, 135-137, 139, 140, 145-149, 156, 157, 160, 168, 169, 183, 186
証明 Beweis 31, 100, 136, 137, 164
　間接—— indirekter —— 136, 137
　存在論的—— ontologischer —— 31
真 das Wahre 13, 20-26, 28, 42, 55, 100
真である Wahrsein 133-135, 138, 157
真理 Wahrsein 99, 100, 103, 125
　——の法則 Gesetz des Wahrseins 99, 100
真理 Wahrheit 41, 42, 45-47, 49-51, 55, 56, 60, 62, 99-104, 106, 107, 116, 125, 128, 131, 134-137, 145, 146, 148, 149, 157, 178, 183, 184
　総合的—— synthetische —— 157

真理値 Wahrheitswert　13, 15-22, 28, 41-48, 51, 54-61, 71, 111, 156, 186
水平線 Waagerechte　20-24, 28
推論 Schluß　143, 148, 149, 164, 166, 167, 170, 177-179
──法則 ── gesetz　143, 149, 150
──様式 ── weise　178
推論する schließen　47, 99, 136, 178
数 Zahl　5-9, 11, 12, 14, 16, 17, 27, 29, 50, 62, 67, 73, 74, 78-82, 86-96
確定── bestimmte ──　88-90
定まった── konstante ──　88
不確定── unbestimmte ──　88-90, 96
数字 Zahlzeichen　5, 92-95
性質 Eigenschaft　4, 5, 15, 73-75, 77-79, 83, 86-88, 90, 102-104, 106, 113, 116, 118, 129, 130
性質語 Eigenschaftswort　101
接続詞 Bindewort　162
接続詞 Fügewort　52, 54
接着剤 Bindemittel　81
前提 Voraussetzung　49, 62, 89, 113, 134, 138
前提する voraussetzen　39, 40, 49, 96, 126
像 Bild　38, 62, 127
走値 Wertverlauf　10-12, 16, 18, 31
相等性 Gleichheit　14, 16, 33
相等性 Gleichung　10, 67, 78, 80
そして und　54, 108
存在 Existenz　31, 73
存在文 Existenzialsatz　25

た 行

対偶 Kontraposition　179
対象 Gegenstand　5, 17-19, 22, 23, 26, 28, 31, 33, 35, 36, 38, 39, 42, 43, 48-52, 56, 61, 62, 65-70, 72-83, 87-90, 103, 115, 117, 118, 121-124
──の名前 ── sname　67
代理物 Vertreter　45, 153
単語疑問 Wortfrage　105
単称名 Einzelname　153
チューバー Czuber, E.　88-91, 93
徴表 Merkmal　51, 76-79, 102, 144
直観 Anschauung　9, 38, 39, 61, 62, 65
陳述 Aussage　67, 70, 73-75, 87, 91, 115
ツェラー Zeller, E.　31
継ぎ合わせる fügen　160
継ぎ手 →結合子
である „ist“　67, 68, 78
定義 Definition　5, 17, 31, 44, 66, 83, 85, 91, 95, 96, 102, 103, 145
定数 Konstante　86
定理 Theorem　181
同一性 Identität　61
等号 Gleichheitszeichen　6, 11, 18, 67, 96
等式 Gleichung　4, 6, 10-13, 16, 18, 20, 89, 92-94
時の添加語　Zeitangabe　87

な 行

内的世界 Innenwelt　112, 113, 117, 119, 123, 124, 126, 127, 129, 130, 142, 143
内容 Inhalt　4, 62, 71, 83, 102, 104, 105, 108, 113-116, 119, 122, 123, 132-135, 137, 138, 142, 151, 161, 176, 184
判断可能な── beurteilbarer ──　71
文の──　── eines Satzes　108, 115
私の意識の──　── meines Bewußtseins　114-116, 122
内容線 Inhaltsstrich　20
名指す benennen　34, 86
ナポレオン Napoleon　54, 57
名前 Name　4, 33-35, 37, 39, 41, 49, 66, 67, 70, 75, 110, 148
──の意味 Bedeutung des Namens　41
ナンセンス Unsinn　169, 175
二重否定 →否定
二重否定は肯定に等しい *duplex negatio affirmat*　141
担い手 Träger　113-118, 120-126, 138,

139, 147
認識価値 Erkenntniswert 33, 34, 61

は 行

把握する fassen 62, 80, 105, 111, 124-128, 130-132, 135-139, 145, 146, 159, 186
場所 Stelle 8, 9, 17, 28, 29, 94, 127
空所 leere —— 16, 18
発語 Wortlaut 108, 109, 128
発話 das Sprechen 40, 109, 112, 128
発話する aussprechen 54, 105, 109, 135, 136, 140, 141, 146, 149, 150, 156, 161-163, 169, 176, 184, 186
ハンケル Hankel, H. 96
判断 Urteil 20, 42, 52, 53, 61, 62, 69, 73, 106, 122, 130, 131, 133, 145, 148, 156, 157, 162, 186
仮言—— hypothetisches —— 52
肯定—— bejahendes —— 143, 144
全称—— allgemeines —— 69, 74
総合—— synthetisches —— 157
単称—— singuläres —— 74
特称—— partikuläres —— 74
否定—— verneinendes —— 143, 144
——様式 —— sweise 148
判断する urteilen 21, 43, 44, 99, 105, 122, 124, 125, 129, 130, 133, 135, 136, 140, 145-150, 156, 157, 161, 186
判断線 Urteilsstrich 22, 25, 31
否定 Verneinung 49, 50, 72, 133, 139, 141, 144, 147, 148, 151-153, 156, 164, 166-168, 171-173, 179-185
——音節 —— ssilbe 151
二重—— doppelte —— 155, 156
否定語 Verneinungswort 144, 146, 150, 151, 159
否定式 *modus tollens* 137, 179
否定する verneinen 23, 72, 106, 114, 133, 134, 138-144, 146-149, 151, 159, 184
否定線 Verneinungsstrich 21-23
表記 Bezeichnung 52, 115, 153-155
表記法 Bezeichnung 3, 4, 23, 29, 30, 34, 35, 94
評決 Urteil 139, 140, 143
表現する ausdrücken 4, 5, 11, 12, 14, 15, 33, 34, 39, 48, 51-61, 63, 73, 74, 78, 83, 92, 93, 96, 103, 105, 106, 108-110, 114, 128, 131, 136, 138, 140, 142, 146, 148, 151, 159, 161, 163,165-168, 170-172, 176, 177, 182, 184-187
表象 Vorstellung 36-39, 41, 61, 62, 88, 101-103, 112-126, 131, 142
不確定示唆要素 unbestimmt andeutender Bestandteil 52, 53, 60
不完全な unvollständig 7, 56, 105
複合思想 Gedankengefüge 159-171, 173, 174, 177, 179-181, 184, 185
仮言的—— hypothetisches —— 174-177
数学的な—— mathematisches —— 185, 186
複合文 Satzgefüge 44, 45, 48, 58, 60, 131, 160, 161, 166, 176, 177, 184
仮言的—— hypothetisches —— 140
副文 Nebensatz 44-56, 58-60, 131
ブーケファロス Bucephalus 37
附随的な思想 Nebengedanke 55-57, 169, 170
不等式 Ungleichung 16, 20
部分 Teil 18, 26, 28, 37, 43-45, 49-52, 56, 57, 59, 60, 62, 67, 68, 71, 74, 81, 93, 94, 109, 126, 136, 140-142, 145, 148, 151-155, 159, 160
部分思想 Teilgedanke 136, 139, 162, 165
部分表象 Teilvorstellung 118
部分文 Teilsatz 44, 54, 55, 136, 161, 169
不飽和な ungesättigt 7, 16, 17, 26, 81-83, 93-95, 159, 160, 163, 165, 167, 169
プラトン Plato 61
フリードリヒ大王 Friedrich der Große 169, 170

文 Satz　38-63, 67, 69-83, 87, 93, 101-111, 114, 115, 128, 131, 136-142, 146, 151, 160-163, 165, 167-170, 175-178, 183, 184, 186, 187
　完全な—— vollständiger ——　128
　全称肯定—— allgemein bejahender ——　72
　全称否定—— allgemein verneinender ——　72
　特称肯定—— partikulär bejahender ——　72
　特称否定—— partikulär verneinender ——　72
　不完全な—— unvollständiger ——　105
　本来の—— eigentlicher ——　160, 162, 163, 167, 168, 174, 179, 182
文疑問 Satzfrage　105, 106, 133
文成分 Satzteil　40, 41, 43, 45, 47, 131, 142, 151, 159
分析的 analytisch　33
ベーベル Bebel, A.　58
ヘルムホルツ Helmholtz, H. v.　31
ベルリン Berlin　18, 70
変化 Veränderung　85-87, 90, 129, 130
変化する verändliche
　——数 —— Zahl　86, 87, 90, 95
　——量 —— Größe　86, 90
変数 Verändliche　85, 86, 88, 89, 90, 92
　従属—— abhängige ——　85
変数 Variable　90, 91
法則 Gesetz　3, 15, 19, 29, 52, 56, 91-93, 99, 100, 108, 137, 141, 143
　算術の—— arithmetisches ——　15
　真理の—— —— des Wahrseins　99, 100
　論理的な—— logisches ——　15, 19, 100, 143, 184
放物線 Parable　9
飽和させる sättigen　160, 163, 165, 167, 186
飽和した gesättigt　26, 160
補完 Ergänzung　8, 81, 93, 94, 105, 151-156, 160, 163
補完する ergänzen　8, 54, 81, 91, 94, 95, 128, 152, 153, 155, 160
補完を要する ergänzungsbedürftig　7, 12, 16, 18, 83, 152-154, 159-171

ま 行

見かけの主張 Scheinbehauptung　106
満たす ausfüllen　9, 17, 27, 165
認める →承認する
命題 Satz　33, 34
モデル Abbild　141
モデル Bild　159

や 行

宵の明星 Abendstern　14, 34, 40

ら 行

ライプニッツ Leibniz, G. W.　43
量 Größe　86, 90
領域 Reich　117, 127, 149, 152, 166
両立しない unvereinbar　164
論理学 Logik　15, 16, 83, 99, 100, 126, 131, 160, 169, 171, 174, 176, 180

わ 行

話法 Rede　36, 44, 45, 47
　間接—— ungerade　36, 44, 45
　直接—— gerade ——　36, 44, 47

フレーゲ著作目録

現在までに公刊されたフレーゲの著作は，復刻版その他の形式ですべて入手可能であると思われる．

そこで以下にフレーゲの著作を，原著，英訳，およびこの翻訳にあたって参照した仏訳書一冊の順に，それぞれ冒頭に省略記号を付して掲載する．

なお，現在最も詳しいフレーゲの文献表は，訳者の知る限りでは，後出の遺稿集NSの第2版の文献表であろうと思われる．

BuA　*Begriffsschrift und andere Aufsätze*. Zweite Auflage. Mit E. Husserls und H. Scholz' Anmerkungen herausgegeben von Ignacio Angelelli. Georg Olms, Hildesheim, 1964. フレーゲの主著の一つであるBSが再録されている．

BS　*Begriffsschrift, eine der arithmetischen nachgebildete Formelsprache des reinen Denkens*. L. Nerbert Halle, a. S., 1879.

GLA　*Die Grundlagen der Arithmetik. Eine logisch mathematische Untersuchung über den Begriff der Zahl*. W. Koebner, Breslau, 1884. M. & H. Marcus, Breslau, 1934. 後者の復刻版，Georg Olms, Hildesheim, 1961. この版のページ付けは初版のものとは異なっている．後に掲げる英語対訳FAが初版と同じページ付けである．なお最近，百周年記念版と銘打った増訂版が刊行された．*Centenarausgabe*. Mit ergänzenden Texten kritisch herausgegeben von Christian Thiel. Felix Meiner Verlag, Hamburg, 1986.

GGA I/II　*Grundgesetze der Arithmetik. Begriffsschriftlich abgeleitet. I. Band*. H. Pohle, Jena, 1893；*II. Band*. H. Pohle, Jena, 1903. 1, 2巻を合本にした復刻版，Georg Olms, Hildesheim, 1962.

FBB　*Funktion, Begriff, Bedeutung. Fünf logische Studien*. Herausgegeben und eingeleitet von Günther Patzig. Vandenhoeck & Ruprecht, Göttingen, 1962. 4., ergänzte Auflage 1975. 本書の第1部に訳出した『関数と概念』，『意義と意味について』，『概念と対象について』および『関数とは何か』がすべて収録されている．日本の新書判に相当するもので，携帯にも便利である．

LU　*Logische Untersuchungen*. Herausgegeben und eingeleitet von Günther Patzig. Vandenhoeck & Ruprecht, Göttingen, 1966. 2., ergänzte Auflage 1976. 前掲書FBBの続編にあたるもので，本書の第2部に訳出した『思想』，『否定』および『複合思想』がすべて収録されている．

KS　*Kleine Schriften*. Herausgegeben von Ignacio Angelelli. Georg Olms, Hildes-

heim, 1967. 生前に出版されたフレーゲの書評・論文等のうち，前掲 BuA に再録されている4篇の論文を除いたほとんどすべてのものを収録している論文集．その後，次のような改訂版が刊行された．

Kleine Schriften. Zweite Auflage. Herausgegeben und mit Nachbemerkungen zur Neuauflage versehem von Ignacio Angelelli, Georg Olms, Hildesheim, 1990.

NS　*Nachgelassene Schriften.* Unter Mitwirkung von Gottfried Gabriel und Walburga Rödding bearbeitet, eingeleitet und mit Anmerkungen versehen von Hans Hermes, Friedrich Kambartel, Friedrich Kaulbach. Felix Meiner Verlag, Hamburg, 1969. Zweite, revidierte Auflage 1983, erweitert um einen Anhang. Nachschrift einer Vorlesung und Protokolle mathematischer Vorträge Freges eingeleitet von Lothar Kreiser unter Mitwirkung von Günther Grosche. なお，初版の抄録本が2種類，刊行されている．

Schriften zur Logik und Sprachphilosophie. Aus dem Nachlaß. Mit Einleitung, Anmerkungen, Bibliographie und Register herausgegeben von Gottfried Gabriel. Felix Meiner Verlag, Hamburg, 1971. 2., durchgesehene Auflage 1978.

Schriften zur Logik. Aus dem Nachlaß. Mit einer Einleitung von Lothar Kreiser. Akademie-Verlag, Berlin, 1973.

BW　*Wissenschaftlicher Briefwechsel.* Herausgegeben, bearbeitet, eingeleitet und mit Anmerkungen versehen von Gottfried Gabriel, Hans Hermes, Friedrich Kambartel, Christian Thiel, Albert Veraart. Felix Meiner Verlag, Hamburg, 1976. これの抄録も刊行されている．

Gottlob Freges Briefwechsel mit D. Hilbert, E. Husserl, B. Russell, sowie ausgewählte Einzelbriefe Freges, mit Einleitungen, Anmerkungen und Register herausgegeben von Gottfried Gabriel, Friedrich Kambartel und Christian Thiel. Felix Meiner Verlag, Hamburg, 1980.

英　訳

CN　*Conceptual Notation and Related Articles.* Translated and edited with a Biography and Introduction by Terrell Ward Bynum. Oxford University Press, London, 1972. これはほぼ BuA に対応するもので，『概念記法』のほかに，BuA に収録されている3篇の論文の英訳を含む．なお，『概念記法』の英語の完訳にはほかに，Stefan Bauer-Mengelberg による “Begriffsschrift, a formula language, modeled upon that of arithmetic, for pure thought” が *From Frege to Gödel: A Source Book in Mathematical Logic, 1879–1931.* Edited by Jean van Heijenoort. Harvard University Press, Cambridge, Massachusetts, 1967. に収録されている．

FA　*The Foundations of Arithmetic. A logico-mathematical enquiry into the concept of number.* German text with English translation by J. L. Austin. Basil Blackwell,

Oxford, 1950. Second Revised Edition 1953. GLAの英語対訳.

BL　*The Basic Laws of Arithmetic : Exposition of the System*. Translated and edited, with an introduction, by Montgomery Furth. University of California Press, Berkeley and Los Angeles, California, 1964. GGA I/IIの部分訳.

G&B　*Translations from the Philosophical Writings of Gottlob Frege*. Edited by Peter Geach and Max Black. Basil Blackwell, Oxford, 1952. Second edition 1960. Third edition 1980. 本書の第1部に訳出されているすべての論文のほかに,『概念記法』やGGA I/IIの部分訳をも含む. ただし, 第2版まで収録されていた論文『否定』は第3版では省略され, 代りに索引が付されている. また第3版では, 半ば定着しかかっていた重要な訳語が, 後に掲載するPWやPMCおよびCP等と統一すべく, 大幅に改変されている. なお省かれた『否定』は次のLIに収録されている.

LI　*Logical Investigations*. Edited with a preface by P. T. Geach. Translated by P. T. Geach and R. H. Stoothoff. Basil Blackwell, Oxford, 1977. 本書の第2部に訳出されている3篇の論文を含む. G&BがFBBに部分的に対応しているように, LIはLUに対応している.

FGA　*On the Foundations of Geometry and Formal Theories of Arithmetic*. Translated and with an introduction by Eike-Henner W. Kluge. Yale University Press, New Haven and London, 1971. KSに収録されているもののうち主として幾何学の基礎に関する部分の英訳.

CP　*Collected Papers on Mathematics, Logic, and Philosophy*. Edited by Brian McGuinness. Translated by Max Black, V. H. Dudman, Peter Geach, Hans Kaal, E.-H. W. Kluge, Brian McGuinness, R. H. Stoothoff. Basil Blackwell, Oxford, 1984. 前掲FGAと一部重複するが, KSの大部分の英訳から成る. 本書に訳出した論文もすべて収録されている.

PW　*Posthumous Writings*. Edited by Hans Hermes, Friedrich Kambartel, Friedrich Kaulbach with the assistance of Gottfried Gabriel and Walburga Rödding. Translated by Peter Long, Roger White with the assistance of Raymond Hargreaves. Basil Blackwell, Oxford, 1979. NSの(本文の)英訳.

PMC　*Philosophical and Mathematical Correspondence*. Edited by Gottfried Gabriel, Hans Hermes, Fredrich Kambartel, Christian Thiel, Albert Veraart. Abridged for the English edition by Brian McGuinness and translated by Hans Kaal. Basil Blackwell, Oxford, 1980. BWの縮約英訳版.

仏　訳

ELP　*Écrits logiques et philosophiques*. Traduction et introduction de Claude Imbert. Éditions de Seuil, Paris, 1971. 本書に訳出したすべての論文を含む.